작은삶

작은삶

어머니를 그리며 엄마로 살다

숲하루 지음

스토리닷

머리말

풀꽃을 그리는 작은살림입니다

작게 써 본 글입니다. 어머니를 그리며 엄마로 살아가는 이야기를 담았어요. 둘레에서 저더러 무슨 일을 하느냐고 궁금해 물어오면, 망설이며 말을 잇지 못했어요. 땀흘리는 제 일자리가 부끄럽지 않지만, 막상 무슨 일을 한다고 말하고 나면 스스로 부끄러워요. 그래도 하루하루 살아온 길을 스스로 마음을 담아 적어 보았어요. 풀꽃을 그리는 작은살림입니다. 오늘 하루를 돌아보면서 배우는 사랑을 옮긴 마음살림이고요.

오늘 저는 세 아이 엄마이지만, 우리 어머니 아버지가 낳은 딸이기도 해요. 세 아이 곁에서는 엄마로서, 우리 어머니 아버지 곁에서는 딸로서, 쉰 줄이 넘는 나이를 살아내는 하루는 얼마나 '작은삶'일까 하고 생각하면서 '작은삶'이라는 이름으로 내 이야기를 남겨서 세 아이한테 들려주고, 우리 어머니한테도 들려주고 싶은 마음입니다.

　세 아이가 어느덧 잘 자라서 저마다 따로 살림을 나면서 어느새 '조용히 바뀐 우리 집'에서 하루하루 작게 일하고 작게 짜증을 부리기도 하고 작게 마음을 풀기도 하면서 보낸 나날을 작은삶으로 여기면서 썼어요. 우리 어머니가 예전에 살았던 나이를 저 스스로 차근차근 살아가는 동안 '우리 어머니는 예전에 어떤 마음이었을까?' 하고 돌아보면서 쓴 글이고, 제가 살아가는 오늘을 앞으로 우리 아이들이 살아갈 적에 이 글을 읽으며 '아, 우리 엄마는 그 나이 그때 이런 삶과 마음이었구나.' 하고 돌아볼 수 있기를 바라면서 쓴 글이에요.

2025년 가을
숲하루(김정화)

차례

머리말

풀꽃을 그리는 작은살림입니다 4

하나)

달걀꽃이 하얗게 길을 내다

나무 안아 보기 14

다툼 18

긴 길 21

종량제봉투 24

손질 28

심부름 33

소나기 37

연꽃 40

능소화 43

하늘바라기 46

하얀옷 51

둘)

매미노래가 온 숲을 울린다

까기　58

오누이　61

숨통　65

잘 썼나　69

큰애 생일　72

개구리 소년　76

문 닫기　80

이력서　84

감사눈　87

과일바구니　90

맑음　93

우체국　96

셋 ）
부엌일을 하며 어제일을 씻는다

목소리　102

강가 걷기　105

양복　108

짜증　111

심장　115

은행나무가 들려주다　120

짜증이 사라지다　124

들꽃　127

해바라기　131

수국 피다　134

자리　137

짜장면　140

넷)

온몸에 꽃이 가득 핀다

해뜨는 새벽　146

개미취　149

나뭇잎　153

매천시장　156

금지령　159

공해　162

글손질 넉 걸음　165

기차탔네　169

남동생　172

흰김치　176

눈떨림　179

드디어 책이 왔다　182

다섯)
마음을 쏟는 일이 있어야 삶이 빛난다

딸이 온다고   188

사위 온다고   191

말랑감   194

칼 안 쓰는 날   197

따스하다   199

헌책으로   202

동백 들이다   205

서울 가는 길   208

액시야   211

건디기   214

잘 걷지   217

말   220

여섯)

숨을 들이켜면 내가 숲이 된다

물   226

꾀꼴   231

가지치기   234

씀바귀   236

최정산 얼음꽃   238

어떤 하루   241

아버지   243

마을 한바퀴   247

어머니   251

눈썹   254

함박꽃   257

맺음말

하루 이야기를 푸르게 물들이고 싶어요   261

(하나)

달걀꽃이 하얗게 길을 내다

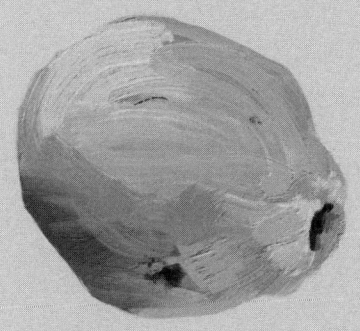

나무 안아 보기

또 앞산에 가자고 한다. 나는 가 보지 않은 숲으로 가고 싶은데 선뜻 간다는 말이 안 나온다. 밤이 깊었으니 갈지 안 갈지는 일어나서 어쩌기로 했다. 곁님은 멧골로 가고 나는 몽돌이 있는 바닷가로 떠날까. 살짝 생각하다가 따라나선다. 앞산은 몇 걸음 갔지만 골골이 다니지 않았으니 가자. 숲에 가면 답답한 마음이 풀어질지도. 아니야 숲 그대로 보자. 그렇지만 나무를 꼭 안아 봐야지, 혼자 흥얼거렸다.

  비가 부슬부슬 내린다. 비옷을 챙겨 왔으나 우산을 쓴다. 가방이 젖지 않게 덮개를 씌우고 모자를 쓴다. 비가 가늘어 흙길에 먼지만 가라앉았다. 길이 넓고 땅이 질퍽하지도 마르지도 않아 걷기가 좋다. 한 발 두 발 딛자 가랑이에 흙이 달라붙는다. 발목 토시를 찼다.

가랑비에 옷이 젖는다는 말처럼 토시와 모자가 축축하다. 잎이 우거진 나무 밑으로 지나면서 나는 우산을 접는다. 비옷을 입으면 덥고 우산을 쓰고 걷기에는 팔이 아프다. 이쯤 내리는 비는 맞아도 좋으리. 쉼터 하나 지나고 몸이 선뜻하니 커피를 마신다. 커피 한 잔 마시기까지는 몸풀기인데 나는 이렇게 슬슬 놀며 오른다. 꽃 구경 나무 구경 혼자 바쁘다.

가랑비가 온다고 비바람이 불었을까. 참나무 가지 하나가 잎을 단 채 떨어졌다. 벌써 벌레집을 지으려나. 집어서 살피니 작은 빗방울이 이파리에 빽빽하게 앉았다. 여리게 내린 가랑비에 말랐던 잎이 찰싹 붙었다. 잎은 빗방울이 얼마나 반가울까. 빗방울은 이파리를 적셔 주어서 얼마나 기쁠까. 휘어진 이파리에 맺힌 빗방울이 떨어지지 않으려는 눈치다. 저 풀잎도 생각이 있고 작은 빗방울도 생각이 깊은가. 하늘이 알아서 비를 보내고 비는 알아서 풀잎을 어루만지는구나. 바싹 타들어 가고 시들한 잎에 뿌려준 비가 참으로 고맙다고 생각했다.

내 손등처럼 울퉁불퉁 흙을 뚫고 올라온 나무뿌리를 퐁당퐁당 건너뛰며 걷는다. 유월 숲이 갓 잎을 틔운 사월 풀빛하고 다르다. 도드라진다. 바위틈에 자란 풀에 솔잎이 떨어져 저들끼리 똘똘 뭉쳐 풀을 잡는다. 이렇게 잎이 작은 풀포기를 살리고 흙이 되고 터를 잡도록 돕네. 이 마른 솔가리도 생각이 있구

나. 바람이 등을 떠밀어 보람차게 살도록 도왔을 테지. 이 어여쁜 소나무를 꼭 안아 주었다. 내가 안아 주었으니 더 잘 자랄지 모른다.

오르면 오를수록 잎과 빗방울이 떨어지지 않으려고 꽉 잡고 안간힘을 다해 대롱대롱 달렸다고 느낀다. 한참 비가 오지 않아 어떤 나무는 잎이 거의 말라가고 싸리꽃도 한창 피어야 할 적에 피지 못하고 시들하다. 이 한 방울 비를 만나려고 얼마나 많은 날을 목말랐을까.

차츰 싸리꽃이 모듬으로 피었다. 어린 날 마당을 쓸던 빗자루만큼 자랐다. 나는 가까이 가서 보랏빛 꽃을 손바닥에 올렸다. 나뭇잎도 쓰다듬었다. 잎을 하나 따서 먹어 보니 아주 쓰다. 비가 올 때까지 온 힘으로 버틴 삶을 잎에 고스란히 스며 놓았네. 어린 날에 싸리나무를 다듬어 바구니를 짤 때 할아버지 곁에서 돕다가 부러진 싸리나무에 손바닥이 찔린 적이 있다. 휘청이며 잘 부러지지 않고 부러진 나무는 결결이 겹친다. 비가 안 올 때를 버티려면 속은 따로따로 버티고 하나로 뭉치는 듯하다. 싸리꽃 이파리에 내 숨결을 나누고 손에 닿는 잎마다 손바닥으로 쓰다듬어 주었더니 좋다고 잎을 흔든다. 빗방울이 우두둑 떨어진다.

이제는 너머로 내려온다. 어느 때 같으면 올라간 길로 다시 내려오지만 그대로 넘어간다. 잣나무밭이 나왔다. 서른 해 앞서 큰불이 나고 잣나무를 심어 놨단다. 듬성듬성 난 나무와 나무 사이에 긴 걸상을 듬성듬성 놓았다. 잣나무 그늘에 누워 쉬는 자리는 향긋한 잣잎에 머리가 맑을 듯하다. 커다란 잣나무를 만났다. 두 사람이 세 팔로 안아야 잡힐 듯하다. 나는 아까처럼 이 나무에 오른다리를 감고 또 꼭 안아 주었다. 그리고 "이 숲을 지켜주어서 의젓하다" 하고 말한 다음 토닥토닥 해 주었다.

다리를 풀고 내려오는데 길 한가운데서 줄무늬 다람쥐와 마주친다. 힐끗 본 다람쥐가 뱀인 줄 알고 나도 모르게 소리쳤다. 다람쥐도 나만큼 놀랐는지 그대로 멈추었다가 포르르 저리로 간다. "다람쥐야, 걱정하지 마, 놀라지 말아" 나는 또 한마디 했다. 내 말을 들었는지 다람쥐는 자리를 살짝 옮겨간다. 참 빠르다. 숲에 온 사람을 자주 보았겠지. 조금만 느긋하게 갔으면. 아니, 다람쥐 두 손이라도 한번 보았으면. 세운 꼬리도 만져 보았으면 좋겠다고 생각했다.

다툼

우리 가게에서 나물을 손질하는데 누가 "사장님 되세요?" 묻는다. 우리 가게에 자주 오는 손님인데 둘 다 모자를 쓰고 입을 가려서 얼른 알아보지 못했다. "왜 그러세요?" 하고 물었다. "어제, 저녁 여섯 시 조금 넘어서, 여기에서 카드를 썼는데 화면을 좀 보여줄 수 있나요?" 하신다. "네, 그러지요. 그런데 무슨 일이에요?"

여덟 살 딸이 독서실에서 동무와 싸웠단다. 싸운 아이 마음을 풀어주려고 마실거리를 사주었는데, 아이 엄마는 안 먹으려고 하는 아이한테 억지로 사주었다는 말을 하더란다. 조금 속도 상하고 그 아이가 억지로 받았는지 아니면 스스로 가지고 왔는지 보고 싶단다. "아이를 봐서라도 그 아이 엄마한테 보여줄 일은 아닌 듯해요. 언젠가는 참마음을 알 거예요" 하고 얘기했지만, 아이 엄마는 속으로 울컥하는 마음을 썻지 못하는 듯하다.

애들 싸움이 어른 싸움이 된다. 엄마가 왜 싸우고 얻어먹느냐고 다그치면 아이는 꾸중 안 들으려고 거짓말을 하기도 한다. 여덟에서 열 살까지는 엄마 뒷받침으로 아이들이 위아래로 선다. 엄마들도 아이들이 학교에서 받는 시험성적에 따라서 말발이 서거나 없다. 요즘은 엄마도 똑똑해야 하고 아이도 똑똑해야 한다. 엄마는 물밑에서 서로 피 튀기듯 다툰다.

창밖을 본다. 길 건너 학교 앞에 아침이며 때마다 아이들이 교문 앞에 엄마들이 서서 기다린다. 아이를 기다리면서 엄마들이 말을 나누고 눈인사하면서 발을 넓힌다. 다른 집 아이는 어떤지 엄마들은 궁금하다. 아이들이 커 가고 반이 바뀌어도, 또 아이 엄마끼리 자주 만나고 말을 섞다 보면, 어느새 아이 엄마끼리 동무가 된다. 아이가 대학교를 마친 뒤에도 서로 소식을 받고 사회 동무로 이어간다. 다만 대학 이름에 따라 말하기를 꺼리기도 하면서 슬그머니 끊기기도 한다.

아이를 낳아 키우면서 만나는 이웃집 아이가 엄마한테는 새로 동무를 만나는 실마리가 된다. 이 손님도 몇 해를 아이를 업고 가게에 왔다. 아이가 걸음마를 하면서 엄마 몸에서 떨어지는 모습을 보았다. 업고 다닐 적이 오히려 어린 만큼 엄마

마음이 가벼웠지 싶다. 아이가 커 갈수록 엄마도 아이들이 겪는 일을 그대로 겪는다. 아이는 엄마 손길이 있어 마음이 아늑하고 엄마는 새롭게 아이들처럼 사람을 사귀느라 마음이 오간다. 잘 나가던 일터를 그만두고 아이들 키우는 숱한 엄마들은 다들 어떤 굴레에 갇히지만, 그래도 요즘 엄마들은 꽤 야무지다.

어제 아이들이 와서 마실거리를 산 모습을 찾아본다. 이 모습을 손전화로 찍어서 보낸다. 손님이 보여 달라고 한 일이지만, 잘한 일인지 헷갈린다. 싸움은 말리라고 하는데, 오히려 더 크게 벌이도록 부추긴 셈 아닐까. 아무것도 모르는 아이가 밖에서 엄마를 자꾸 부른다.

긴 길

사람을 만나 도란도란 이야기꽃을 피우고 싶을 때가 있다. 막상 자리를 마련하면 낯선 내가 툭 튀어나온다. 가만히 있지를 못하고 말이 많다. 알맹이가 없는 말을 늘어놓는다. 그러고서는 말을 너무 했다고 여긴다. 잔뜩 핏대를 올리다 보면 말이 풀어지고 사투리가 술술 나온다. 이럴 적에 곁님은 "쓸데없이 말이 많다"고 넌지시 나무란다. 그런데 곁님이 나더러 말이 쓸데없이 많다고 하면 왜 그리도 듣기 싫은지 몰라, 그저 입을 굳게 다문다. 이러다가 혼자 차를 몰 때에는 따로 말할 사람이 없기도 하지만 차분하고 고요하다. 어떤 모습이 나일까.

그렇지만 차분하고 고요히 혼자 차를 몰기도 오래가지 않는다. 또 수다를 떨고 싶다. 대구 시내에서 사니, 머리 위로는 지상열차가 달리고 둘레는 차가 가득하다. 버스로 세 정거장을 지나는 동안이어도 참으로 길다. 어떤 날은 이 짧은 길을 가슴이 두근거리며 달리다가, 어느 하루는 길디길어 티끌 같은 마음인 채 달린다. 그리 길지 않은 시간에라도 말을 아껴야지 싶은데, 생각보다 어렵다.

내 이야기를 가만가만 들어 주던 언니가 전주에 갔다. 하루를 못 보는데 또 허전해서 수다를 받아줄 다른 목소리를 찾는다. 세 자매가 벗님이 연 잔치에 갔단다. 동생은 자동차를 몰고 언니는 동무로 늘 그림자처럼 다니는 듯 보였다. 가장 든든한 글벗 같아 부럽다. 나는 언니도 없고 여동생도 없다. 잔치를 벌이는 글마당도 없다. 여러 마음이 엇갈리니, 이런저런 사람하고 섞이거나 만나기보다 한 사람만 바라보면서 그 한 사람한테 끈적하게 달라붙는다. 나는 더 많은 사람하고 떠들기보다는, 마음이 맞는 한 사람 목소리로 내 텅 빈 속을 가득 채우고 싶다.

큰 상을 받고 글밭에서 발을 넓히는 글벗이 있다. 난 이 글벗과 달리 아는 사람이 없다시피 하다. 혼자 글길을 가기에 어디가 어디인지 잘 모른다. 옆에 나란히 걸어가는 글벗을 본다면 길을 놓지 않고 무리에 휩쓸려 가더라도 '나를 알아보아 주고 말을 거는 기쁨'을 누리고 싶다. 그래서 시인모임에 들어가 볼까 싶어 한 곳을 살펴 글월을 보내어 본다. 내가 쓴 시를 함께 읽어 주고 이야기를 들려주는 사람을 그곳에서 만날 수 있을까.

　사람을 많이 사귀기보다 내 마음이 자라도록 이끌어 줄 사람을 둘레에 두고 싶다. 시를 쓰는 무리에 들어간다는 마음이랄까. 한 사람을 만나고 그 사람으로 또 다른 사람을 알아가면 저절로 글판에 뛰어든 사람을 조금씩 만나겠지. 그리고 나도 내 이름을 새긴 시집을 내고 싶다. 둘레에서 하는 말을 들으면, 갈수록 시집이 너무 들어와서 쌓인다고 하던데, 나도 아는 사람이 많아 그렇게 집안에 잔뜩 쌓이도록 책을 받아 보면 좋겠다고도 생각한다. 내가 시집을 낸다고 할 적에 글도 살피고 겉그림도 함께 걱정해 줄 글벗이 있으면 좋겠다.

　사람을 알아가는 기쁨을 바란다. 내가 턱없이 모자라 누구는 나를 깎거나 얕볼 수 있다. 시인모임에 들어가도 얻을 게 없거나 오히려 사람한테 치이거나 더 휘둘릴 수 있다. 그렇지만 한 걸음이라고 생각한다. 한 걸음을 내딛고서 스스로 새길을 찾아보자고 생각한다.

종량제봉투

가게 일손이 모자라 일꾼을 쓴다. 오늘 아침에 가게일을 돕는 일꾼을 보니, 종량제봉투값을 찍어 놓지 않았다. 아침 일꾼한테 "손님들 물건을 담을 적에 무얼 먼저 찍어?" 물었더니 "봉투 먼저 찍고 담는다" 한다. "모두가 파는 물건이니 비닐 하나라도 잘 찍어서 담고, 손님이 오면 매장 어느 쪽으로 다니는지 잘 보셔요" 했다.

"왜요?" 하고 되묻기에, "종량제봉투 숫자가 안 맞는다"고 덧붙였다. "종량제봉투가 왜요?" 하고 또 묻기에 "빈다"고 말했다.

손님이 전자담배 한 갑을 다른 담배로 바꾼다. 가만히 보니 카드를 취소하고 다시 찍는다. 나는 "카드 취소는 어지간해서 하지 말고 반품키를 누르고 받아야 할 담배를 찍고 다시 반품키 눌러 판매창이 뜨면 바꿔 갈 담배를 찍으면 같은 금액도 0이 되어 현금에 지장 없고 재고를 찾아 간다"고 일러준다. 그런데 아침 일꾼은 잘못하지 않았다고, 자기처럼 해도 된다고 우긴다.

아침 일꾼이 물건을 찍었다가 취소하거나 그냥 갖고 가는 모습을 곧잘 보았다. 가게일을 돕는 사람은 일한 삯을 받는 사람이지, 우리 가게 살림을 몰래 가져가도 되거나 그냥 가져가도 되는 사람이 아니다. 언젠가 왜 그냥 가져가느냐고 물으니, 그제야 전표를 끊고서 돈을 낸 적도 있다.

가만히 보니, 아침 일꾼은 가게일을 많이 해봤다고는 말하지만, 전표를 제대로 다룰 줄 모른다. 반품도 엉성하게 다루고, 수량도 잘못 찍거나, 겉에 붙여 놓은 값이 아니라 엉뚱하게 싼값으로 찍기도 한다. 오늘 낮에 챙겨놓은 배달물건을 보다가 또 하나 찾는다. 종량제봉투를 50리터짜리 두 묶음을 담았는데, 전표는 음식물스티커 20리터짜리로 둘 찍혔다. 어처구니없고, 헛장사를 할 뻔했다. 이런 일이 자주 일어난다. 남새 다듬기도 서툴고, 물건 진열도 삐뚤삐뚤하다. 가게일이 버거워 일꾼을 두는데, 오히려 일꾼 뒤치다꺼리로 내 일거리가 더 늘어난다.

가게일을 하면서 열 해가 넘도록 일꾼을 두면서 이런 일도 겪는구나. 아침에 두 시간 반 동안 곁일(알바)을 하는 학생은 하루 품삯을 넘는 만큼 초콜릿과 음료수를 몰래 먹더니, 감시 카메라 화면을 흘깃흘깃하면서 담배를 슬쩍 쥐고는 몸을 가만히 돌리면서 제 주머니에 넣더라. 이 아이는 한 달이 안 되어서 덜미를 잡혔다. 얼핏 집에서 영상을 보다가 물건값을 안치러 놓고서 제 주머니에 담는 줄 알고 하나하나 뒤졌다. 곁일을 하는 이 아이 아버지한테 알렸다. 이 아이가 훔친 몫이 얼마인지 가늠하기 쉽지도 않지만, 아직 어려 보여서 차마 제대로 받지는 않고, 조금만 돌려받았다. 이 아이 아버지는 아들을 경찰에 신고하지 않아 고맙고 죄송하다고 절을 했다.

아침 일꾼은 우리 가게에서 물건을 많이 산다. 일하며 받는 월급에서 반이 넘을 만큼 물건을 사는데, 종량제봉투를 그냥 가져가기 일쑤이고 값비싼 간장은 전표로 찍었다가 취소하고서 옆에 두었다가 슬쩍 담아서 가져간다. 감자나 나물도 그 값으로 찍지 않고, 값싼 다른 품목으로 바꿔서 가져간다. 어디까지 이렇게 하나 싶어 여러 날 지켜보았다. 나물값이며 물건값을 바꾸지 말라고 일렀다. 그러나 아침 일꾼은 내가 우리 가게에서 나물 다듬기하고 과일 손질과 진열을 마치고서 집에 가고 난 다음에, 으레 '아무도 안 본다'는 생각에 자꾸 슬쩍슬쩍 이렇게 하는구나 싶다. 내가 바깥일을 보러 자리를 비우더라도 감시카메라에는 고스란히 찍힐 텐데 말이다.

다른 가게는 어떨까. 가게를 열어 장사하는 다른 사람은 어떨까. 나처럼 이렇게 몰래 훔치거나 속이거나 빼돌리는 일꾼 탓에 골머리를 앓거나 속을 썩일까. 일한 만큼 품삯을 받는데 품삯이 모자란다고 여기기에 훔치거나 속이거나 빼돌리려고 할까. 몰래 훔치거나 속이거나 빼돌리는 이 사람들이 나중에 스스로 가게를 차릴 적에도 저희처럼 몰래 훔치거나 속이거나 빼돌리는 일꾼을 맞이할 수 있는데, 그때가 되어야 이 사람들이 깨달을까.

눈먼돈은 없다. 땀 흘려 일하지 않고서 훔치거나 빼돌린 물건으로는 살림을 꾸리지 못한다. 내가 안 보는 자리에서 훔치거나 빼돌렸다고 뒤에서 키득거리는 웃음소리가 들리는 듯한데, 부디 스스로 갉아먹는 바보짓을 깨닫기를 빈다. 그나저나 나는 또 어떻게 새로 일꾼을 다시 찾아야 하나 하고 생각한다.

손질

집을 나서는데 눈물이 나려고 한다. 아직 가게에서 일할 사람을 못 찾았다. 가게에 들어서면 걸레부터 든다. 하루 쉰 날은 나물 손질이 많다. 잘라 놓은 양배추가 하나뿐이다. 통으로 둔 양배추 잎이 누렇다. 마르고 뜬 잎을 떼어내고 한 통을 넷으로 쪼갠다. 손님이 왔다. 칼을 내려놓고 뛰어갔다. 자른 양배추를 둘둘 감는다. 손님이 왔다. 또 뛰어가서 값을 치러 준다.

이제 긴 접시에 담아 놓은 쪽을 손본다. 늘 오른쪽부터 다듬지만, 다듬어서 가장 티가 나는 나물, 다시 말하면 가장 시든한 나물부터 손질한다. 양배추 다음은 언제나 실파를 손질한다. 누렇게 뜬 끝을 떼고 줄기가 누렇게 뜨는 잎을 떼어낸다. 손님이 왔다. 또 뛰어갔다. 다듬은 실파를 끝을 가지런히 해서 튀어나온 뿌리를 자르고 다시 그릇에 담는다.

이제 쑥갓을 꺼냈다. 누렇게 뜨고 시들었다. 뒤로 빼놓는다. 집에 갖고 갈 참이다. 나머지는 비닐을 뜯어내고 시들한 잎을 떼고 물을 뿌린다. 다른 쑥갓을 손질하고 물을 뿌린다. 다다듬는 사이 물을 머금은 쑥갓은 잎이 살아난다. 나물 가운데 쑥갓은 손길이 닿는 만큼 티가 난다. 뿌리를 떠나온 이 나물도 손길을 받고 싶어 할까.

부추는 쉽게 무른다. 양상추는 칼이 닿은 자리와 뜯어낸 잎이 빨갛게 바뀐다. 대파를 둘 다듬어 비닐에 담고 깐 파를 꺼내 시든 끝을 자르고 먼저 깐 파가 위로 오도록 둔다. 미나리는 잎이 누렇게 떴다. 잎을 잘라내고 줄기만 그릇에 담았다. 단배추는 노란 잎 하나만 떼고, 취나물을 다듬는다. 넷인데 다듬으니 세 봉지가 나왔다. 모두 무게를 달아 나눈다. 이번에는 청경채를 다듬는다. 비닐에는 물기가 차고 누렇게 떴다. 모두 꺼내 누런 잎을 떼고 그릇에 담는다. 비닐은 물기가 많아 지저분하다. 열 꾸러미였는데 다섯 꾸러미로 줄어든다. 다듬어 놓으니 조금은 개운하다.

나물 손질을 한 지 두 해가 넘는다. 일꾼이 갑자기 그만둔 바람에 돌림앓이가 돌던 때부터 도맡았다. 다듬는 일이 더디었다. 새로 온 물건을 싸는 일도 더디었다. 아직 엉성했다. 랩을 감을 줄도 모르고 파나 부추는 찬찬한 손길이 있어야 하는데, 잘 안되어 속이 터지는 줄 알았다. 이제는 손놀림이 익고 무얼 먼저 하고 무얼 나중에 해야 하는지 머릿속에 착착 뜬다. 물건이 많이 안 온 날은 손질하고 씨는데 두세 시간이면 된다. 처음에는 다섯 시간이 걸렸다. 앉지도 못하고 다리는 당기고 발바닥이 아프니 서기도 힘들었다. 안 해보던 일이라서 고단했다. 집에 오면 쓰러져 잠만 잤다. 앞날이 캄캄했다. 일에 치여서 일만 하다가 아까운 하루가 다 간다는 생각에 마음으로 내내 울었다.

한두 해 곱게 일했다. 계산원 일꾼이 떡하니 자리를 맡아주고 내가 없는 날에는 손질까지 하고 차분했다. 직원이 아무 탈 없이 오래 일해도 걱정이 밀려온다. 이런 때가 왔으니 또 한바탕 고단하겠거니 여긴다. 그 일꾼이 나간 지 여섯 달이 되는데 그 사이 몇이나 바뀌었다. 일을 가르쳐 놓으면 나가고 이건 이래서 그렇고 저건 저래서 마음에 안 들고 우리 입맛에 맞는 사람을 찾지 못한다. 이만큼 흔들었으니 좋은 일꾼이 오겠구나 여기는데, 이제는 일할 사람이 없다. 이 일이 힘든 줄 안다. 하루삯(시급)은 많고 장사는 떨어지고 둘이 하지도 못하고 남손을 빌려야 돌아가는 일인지라 알림을 해도 사람이 안 온다. 이제 며칠 있으면 대학생이 방학을 하니 학생 일꾼이 오려나 기다린다. 학생이 오히려 말귀를 잘 알아듣고 잘 지켜주더라.

뛰어다니며 손질했더니 벌써 발바닥이 따끔하다. 바닥이 아프고 몸은 처진다. 그런데도 감자 상자를 사 왔길래, 감자를 담는다. 시골서 캐온 감자를 가장 작은 것 가운데 것 큰 것으로 나누고 상자에 담았다. 상자를 하나하나 접어서 담는다. 두 상자를 옮겨 담고서야 점심을 먹는다. 손질하고 꾸리는 일이 바빠서 나는 밥을 할 엄두가 나지 않는다. 밥 짓는 틈에 일을 해야 내 몸이 버틴다.

손이 빨라야 일찍 끝낸다. 빨리 끝내야 발바닥이 쉰다. 두 사람 일을 이렇게 뛰어다니면서 며칠 했더니 꼬리뼈가 아프다. 넘어져서 금이 간 자리가 이런 날 더 아프다. 오늘은 거드는 분이 도와주어서 여섯 시에 집에 올 일을 네 시에 왔다. 아침부터 그때까지 일하는 사람이 있지만, 그들은 책상맡에 앉고, 나는 서서 온몸으로 일을 한다. 다리가 아프거나 몸이 여린 사람은 이 일을 못 한다. 힘든 하루이지만 그래도 좋기도 하다.

내가 나물을 다듬어서 깨끗하게 펼쳐 놓으면 이 애들이 웃는 듯하다. 손질을 못 받아 시든 잎은 울 듯한 얼굴이 보인다. 다듬으면 다듬을수록 값을 내려야 한다. 그렇지만 적은 돈이라도 내가 손질한 나물이 팔리면 즐겁더라. 이 애들이 사람 입을 즐겁게 하니 고맙고 더 시들지 않고 시집을 보내서 마음이 놓인달까. 이러니 힘들어도 버티는지 모른다. 내가 풀꽃나무를 좋아하기에 시든 나물과 얘기를 하고 새로 온 나물과 이야기를 한다. 내가 마음으로 말을 하면 꼭 알아듣는구나 싶도록 싱싱하게 살아난다. 나물을 손질하는 재미가 있다. 그래도 힘들기는 힘드니, 어서 새 일꾼이 와서 내 짐을 덜어주면 좋겠다. 이러다가 잠보가 될까 봐.

심부름

부엌종이가 똑 떨어졌다. 뒤쪽에 있나 싶어 가니 없다. 지하실에 있는데 가지러 가지 못한다. 아침 일꾼이 없어 자리를 비우지 못한다. 이따 사람이 올 때까지 기다리기만 하자니 그래서, 신문을 손바닥 크기로 잘랐다. 그릇에 올리고 버섯을 담는데. 마침 상자 할아버지가 왔다. 얼음 담는 가방을 하나 달라는데 지하실에 있어 가지러 가지 못한다.

"할배가 찾아보실래요?"

"어디 있는데?"

"이쪽 계단으로 들어가면 오른쪽 사무실 자리 쪽에 있어요."

"열쇠는 어딨노?"

"뒤쪽 못에 걸어두었어요. 자물쇠는 문밖 상자에 올려두세요."

내려간 지 한참 지나서야 할아버지가 올라왔다. 찾은 가방이 둘 있어 하나를 갖고 왔다. "가방이 뭐 이렇노?" 한다. "어디 함 봐요" 나도 처음 본다. 배낭처럼 생겼다. 지퍼를 닫고 등에 멜 수도 있고 손잡이를 들어도 되는 가방이네. 어디 놀러 갈 때 맥주라도 넣는가. 무거울 텐데 어깨에 메고 다니면 될 듯하다.

"할배요, 부엌종이는요?"

"또 내려갔다 올게. 근데 어떻게 생긴 거고?"

"동그랗고 분홍 비닐에 싸였어요."

지하실에 내려간 지 또 한참 지났다. 둘만 갖고 오라고 했는데, 스무 개 든 뭉치를 다 들고 왔다. 자리가 비좁아 둘 곳이 마땅찮다고 했더니, "지하실에 갖다 놓을까?" 한다. 내 둘 꺼내고 할아버지 둘 주고 나머지를 지하에 갖고 내려갔다. 할아버지 얼굴에 땀방울이 송골송골 맺혔다. 가방 얻고 키친타올도 얻어 좋아하신다.

할아버지는 우리 가게 뒷문을 잠그고 열고 한다. 가게에서 나오는 빈 상자를 대문 앞에 던져 놓으면 차곡차곡 따서 쌓고, 종이는 수레에 싣고 가고 쓰레기와 재활용은 따로 담아서 싹 치우고 저녁에 대문 닫으러 올 적에 문밖에 내다 놓는다. 비로 쓸기도 하고 온갖 뒷일을 한다.

내가 이쪽으로 처음 왔을 적에는 병원에서 막 나왔다. 목발을 짚고 일곱 시에 나와 문을 열었다. 그때도 일꾼이 없어 석 달을 휠체어 타다가 목발을 짚을 적에는 걷기조차 힘들었다. 차에 내리면 곁일하는 학생이 내 가방을 내려주고 갈 적에도 실어 주곤 했다. 그런 내가 손이 모자라서 문을 열어야 하는데, 1월이라 날은 춥고 문을 열어야 하는 곳이 열 군데도 넘어서 나한테는 버거웠다. 그때 할배가 아침 일찍 나와서 먼저 기다리다가 내가 자물쇠를 풀면 할아버지가 문을 다 열어 주고 불을 켜 주었다. 옆문은 위로 올려야 하는데 목발 짚는 나로서는 힘이 들었다. 할아버지는 내가 해달라고 하면 아버지처럼 해주었다.

지하실에는 몇 걸음 들어가야 불이 저절로 켜진다. 할아버지는 늘 뒷문 쪽으로 큰 계단으로 들어오기에 밝다. 반대쪽으로 들어가면 다른 불을 켜는 똑딱이까지 멀기에 앞이 하나도 안 보인다고 한다. 주머니에서 까만안경을 꺼내 쓴다. 할아버지가 눈을 수술하며 맞춘 안경이라고 한다. 이 자리에서 벌써 일곱 해가 되었으니, 할아버지도 이제 많이 늙었다.

할아버지가 수술할 적에 한 이레를 못 오셨다. 이틀만 지나도 대문 앞에는 상자가 잔뜩 쌓였다. 납작하게 따서 쌓지 않고 빈통 그대로 던졌으니 무척 높았다. 나도 뜯고, 곁님도 뜯어

차곡차곡 쌓아 보지만 큰일이었다. 며칠 버티다 할아버지한테 전화했더니, 다른 사람을 알려주었다. 할아버지 빈자리가 그렇게 큰 줄 몰랐다. 우리 일꾼도 쉽게 찾지 못하는데, 할아버지가 잘못된다면 참말 큰일이지 싶다. 우리 일이나 할아버지 일이나 남들이 꺼린다. 요즘은 힘든 일을 할 사람이 없다. 할아버지 또래가 사라지면 이제는 일할 사람이 더 없다. 누구는 해야 하는데도. 이제 우리 일도 앞날이 꼬리를 물고 사라지는 모습이 눈에 훤히 보인다.

소나기

소나기가 쏟아진다면 물이 뚝뚝 떨어질 만큼 감기 들지 않을 만큼 소낙비를 실컷 맞고 싶다. 그렇지만 소나기처럼 쏟아내는 말은 실컷 들어서 이제는 그만 비껴가고 싶다. 시골로 가는 길에 소낙비가 내렸다. 곁님 입에서도 소낙비가 쏟아졌.

둘 다 바빴다. 내가 먼저 집에 왔다. 문 앞에는 출판계약서가 와 있었다. 발간신청일이 며칠 남지 않아 가슴을 졸이며 기다렸다. 몇 가지 적고 두 종이를 나란히 붙여서 가운데 도장을 찍고 스캔을 떴다. 서류에 이것저것을 적었다. 다시 훑어보니 몇 가지 빠졌다. 글을 발표한 날짜를 적어야 하는데, 가나다로 되어서 찾기가 번거롭다. 시골집으로 나설 때까지 다 해낼까, 걱정하며 서둘렀다.

차를 타고 가면서, "나 집에 와서 얼마나 바빴는지 알아요?

날짜 찾아가며 그 많은 건수를 시간 안에 마치려고 혼났다"고 하니깐 "지금 살림살이가 어떤 줄 아냐"고 짜증 낸다. 할 말이 없고 어이가 없어 입을 다물어버렸다. 그런데 오 분 안 되어서 "내가 보이스피싱 당하듯이 대구에도 당한 사람 많다고 하네. 삼억 넘게 당한 사람도 있다"고 하더라는 말을 듣는 순간 '이 무슨 동문서답이지' 하다가 "그게 나하고 무슨 상관인데" 하고 나도 모르게 퍼부었더니 곁님이 입을 다물었다.

그러다 아들한테 전화한다. "할아버지 할머니가 네가 온다고 기다리실 텐데, 전화라도 해라." 아들은 아빠 목소리에 담긴 날 선 기운을 눈치챈 듯 졸린 목소리로 "이제 일어났어요." 하자 "우리랑 같이 가면 얼마나 좋노. 알았다. 아빠는 할머니 집에 가기 바쁘다. 끊어." 하고 끊었다. 아들이 따라나서지 않아서 그 화살이 내게온 줄 눈치챘다.

아들이 방학하고 왔는데, 오늘따라 저녁에 일하는 아주머니가 바쁜 일로 못 나온다고 했다. 마침 집에 온 아들이 밤늦도록 일했다. "집에 와서 쉬고 싶었는데 일하라 하고, 친구 만나려고 했는데 시골 가자" 한다면서 투덜거렸다. 아무리 깨워도 눈뜰 생각을 안 하길래, 아 안 가고 싶구나. 안 그러면 갈 아이인데 많이 힘들었구나. 쉬도록 두자고 곁님한테 말했는데도 짜증이 풀리지 않았다. 나는 눈을 감고 자는 척한다. 두 사람이 말을 한마디도 하지 않을 즈음, 소낙비가 내렸다.

　소낙비가 창문을 세차게 때렸다. 마른 잎사귀가 부스럭거리듯 마른 소리를 냈다. 유리창이 아플까 비가 아플까, 한참 서로 맞고 받고 하는 빗줄기 소리에 눈을 떴다. 차츰 비가 줄더니 군위를 지나서는 바닥이 젖지 않았다. 마치 둘이 너무 고요히 있어 비가 소리내어 우리 둘을 풀어주는 듯했다.

　둘 다 비를 좋아한다. 곁님도 비가 오면 빗길을 달리고 싶어 하고 멧골에 가고 싶어 한다. 나는 빗소리가 마냥 좋고 하늘에서 땅으로 흐르는 물길에 홀리듯 마음이 붕 뜬다. 그리고 가라앉은 마음 밑바닥까지 내려다본다. 비가 내려주어서, 둘은 쓸데없는 말씨름을 멈추었다. 한마디 심술이 섞인 말을 풀기까지 그 조용한 틈새는 오히려 아늑하고 익숙하다. 피붙이를 만나 밥을 먹고 밤늦게 돌아오는 길, 집에 다 와 갈 무렵에서야 아무 일 없듯이 말을 꺼내고 나도 받아주었다. 돌아보니 소나기가 우리 마음을 씻겨 주는 듯하다.

연꽃

 몇 해 앞서 반야월 연꽃을 보러 간 적이 있다. 벼가 한창 익은 가을이었다. 이미 연꽃은 지고 뿌리를 캐는 밭이었다. 열매가 송송 박힌 연이 꽃만큼이나 소담스러웠다. 물이 말라 논바닥을 드러내기에, 연대를 꺾으러 논둑을 밟고 깊이 들어갔다. 진흙이 미끌미끌했다. 철퍽 미끄러졌다. 발이 푹푹 더 빠질 듯해서 그만 나왔다. 그런데 허리에 묶은 웃옷이 사라졌다. 미끄러지면서 잃어버린 옷을 찾으러 다시 가려다 그만두었다.

 그때는 너무 늦게 가서 꽃을 못 보았고, 오늘은 이르게 가서 꽃이 아직 피지 않았다. 건너편 담벼락 언저리에 꽃이 피었을까. 두 잎을 맞물고 돌돌 말아 나오는 잎도 있고 좀 더 펼친 잎도 있다. 이렇게 잎을 다 펼치면 꽃이 올라올 테지. 커다란 잎을 깊고 오목하게 펼치기도 하고 납작하게 펼치기도 한다. 잎에 앉은 물방울이 구슬처럼 구른다. 잎이 축 처진 곳까지 가다가 바람에 잎이 흔들리자 어지럽게 구른다. 넓은 잎이 바람에 쓸려 막고, 뒤에 있는 큰 풀도 여러 잎을 구부려 바람을 막아 준다. 햇볕에도 사라지지 않던 물방울이 바람에 쉽게 떨군다.

두 손을 모은 듯 봉우리를 내민 꽃을 만난다. 바람에 잎이 날리자 더 큰 꽃봉오리가 있다. 꽃잎이 조금 열렸다. 별빛을 먹고 일어나 아침이슬을 며칠 받아먹고 한낮에 뜨거운 해가 보듬으면 이내 활짝 필 듯하다. 씨앗하고 꽃이 한꺼번에 피어나고 씨앗 주머니가 노랗게 빛을 품고 나왔다가, 꽃잎이 한두 잎 떨어진 연꽃을 머릿속에 그린다. 참 곱다.

연밭을 보니 어떤 자리는 까맣다. 잎이 우거진 곳이다. 어떤 자리는 개구리밥이 푸르게 뒤덮는다. 잎이 듬성듬성 났다. 다른 논에는 물이 맑다. 논바닥이 훤히 보인다. 이 자리도 연잎이 듬성듬성 났다. 모를 심은 논처럼 물이 찼지만, 물빛이 사뭇 다르다. 어린 모는 사이사이 비워 두어서 물에 잠긴 흙도 해를 먹네. 연밭에는 잎이 넓어서 해가 들지 못하니 흙이 검네.

물이 연잎에 닿아도 자국이 남지 않고 굴러떨어진다. 흙이 빛을 못 보아서 검을 텐데, 빛과 그림자로 보여주며 물들이지 말라고 한다. 연꽃이 활짝 피어나면 이 내음에 물냄새가 사라지고 둘레를 밝히는 꽃이다. 풀꽃이나 나무에서 피는 꽃과 달리 물에서 태어나는 연꽃은 진흙과 빛으로 온누리 숨결을 들려주는 듯하다.

연잎을 조금 떼어 입에 넣었다. 풀냄새가 거의 안 난다. 나무도 아닌 부드러운 줄기가 큰 잎을 떠받든다. 연잎을 혀에 얹어 보았으니, 내 몸에도 연잎빛과 연꽃내음이 스밀까. 내 마음에도 연잎 숨결과 연꽃 숨빛이 스며들기를 바란다.

능소화

라면을 먹을까 하고 물을 채우는데, 곁님이 일꾼하고 밖에서 먹고 오란다. 그동안 밥때를 넘기면 집에 가서 먹는데 모처럼 밖에서 먹는다. 가랑비가 그치고 담벼락 따라 걷는 마음이 산뜻하고 가볍다. 김밥집 바람갈이(환풍기)가 시끄럽게 돌아가고 바람에 나무가 흔들린다. 벌써 능소화가 피었네. 바닥에는 꽃이 떨어졌네. 이 길로 차를 몰고 다녀서 못 보았구나. 이렇게 시끄러운 소리에도 꽃을 피우다니. 꽃은 참 놀랍다.

  보는 사람이 없어도 꽃을 피우고 볕이 따가워도 웃으며 춤춘다. 가지 끝에 피어난 꽃은 바람이 살짝 건드려도 통통 튄다. 숨 막힐 듯한데도 어쩌면 고이 옷을 입고 흐트러지는 빛도 없을까. 하나가 필 적보다 대여섯 송이로 피어나니 더 곱다. 이렇게 곱고 예쁜 꽃이라면 하늘을 섬기는 마음을 품겠지.

요즘 나는 붉은 꽃이며 열매에 눈이 간다. 내 몸을 버티어 주는 가슴을 닮은 꽃을, 온몸을 돌고 돌며 숨을 살리는 핏빛을 닮은 열매를 자주 들여다본다. 꽃도 과일도 물을 입히는, 씨앗이 빚어내는 빛으로 숨결을 빚는다. 내 몸에서 터지려는 붉은 기운을 가라앉히기도 하고 먹거나 닿으면 싱그럽게 붉은 기운을 주는 둘이 함께 빛에 숨었다.

능소화 꽃빛이 꼭 핏빛 같다. 장미나 동백처럼 새빨갛지는 않으나 부드러운 핏빛 같다. 이 빛깔을 몸으로 품은 어머니가 아이를 낳지. 아이를 낳은 어머니는 능소화를 먹으면 몸에 좋다는 줄 뒤늦게 알았다. 꽃잎을 달이고 뿌리도 달여서 먹으면 몸에 좋다더라. 그런데 꼭 입으로 먹어야 할까. 굳이 먹지 않고 바라보기만 해도 좋으리라. 능소화는 이를 다 알고서 내 앞에서도 활짝 웃는지 모른다.

비가 보슬보슬 내리는 날 사붓사붓 걸어오는 발소리에 꽃잎이 살짝 떤다고 느낀다. 바람이 놀다 가고 햇빛이 놀다 가면 어둠이 와서 쓰다듬고 별빛이 내려와 놀고 밤빛도 내려오고 우리가 안 보는 틈에 능소화가 사랑을 듬뿍 받는다. 이 사랑스러운 능소화 곁에 얼굴을 맞대고 서 본다. 바쁘게 가지 말자. 좀 쉬다가 가자. 꽃 볼 틈도 없이 바쁘면 이 삶이란 뭔가. 숨을 돌린다.

김밥을 먹을까, 다른 뭘 먹을까. 한 그릇 받은 밥이 많아 차곡차곡 덜어내 보니 한 사람 먹을 만큼 모인다. 따로 담는다. 함께 밥을 먹는 이는 능소화 이야기를 처음 들었단다. 꽃도 처음 보고 꽃이름도 처음 들었는지 두 판이나 묻는다. 일터로 돌아가며 생각한다. 이튿날은 일을 좀 일찍 끝내고 꽃을 또 보러 와야겠다. 벌써 새소리가 들리는 듯하다. 담벼락 따라가면 꽃도 있겠지.

하늘바라기

여름숲이다. 싱그럽다. 맑다. 나무도 푸르고 온통 풀빛이다. 흙을 움켜쥐어 본다. 풀이 뒤덮은 이 땅이 바로 별이라고 새롭게 느낀다.

어린 날 모깃불 피워 놓은 마당에 누워 놀던 캄캄한 하늘은 놀이터였다. 별똥별 하나가 떨어지면 한 사람 숨결이 멎는다고 들어서 슬퍼하다가도 별자리 찾기 놀이는 자장노래가 아닌, 우리 눈을 더 초롱초롱 밝히는 가락이었다. 밤에는 별바라기를 하고, 낮에는 잔디밭에 누워 구름밭을 보았다. 칠월이 되니 구름 틈새로 보이는 하늘빛이 환하다.

숲에 드니 소리가 한껏 몰려온다. 매미도 질세라 목이 터지도록 한 가락 길게 읊는다. 이 울음이 떨림으로 오기까지 오직 사랑을 믿고 깨어났을 테지.

바람이 조용하다. 앉아서 쉬어도 조금 덥다. 앉고 싶어 멈춘 내게 곁님이 놀이를 하잖다. 아까시 줄기를 따서 건넨다. 곁님이 잡은 잎은 열셋, 내가 잡은 잎은 열일곱인 줄 뒤늦게 알았다. 가위바위보를 하는데 곁님이 자꾸 이긴다. 주먹 다음에 가위를 내는지 보 다음에 주먹을 내는지 머리를 굴린다. 저도 한꺼번에 잎을 날린다. 나도 이 사람이 주먹 다음에 가위를 내는 줄 알았고 보 다음에 주먹을 내는 줄 알고 머리를 썼다. 잎이 더 많았지만 내가 이겼다. 나는 생각 없이 손을 내밀다 이겼고, 이 사람은 꾀를 부리다 졌다. 이제 쉬었으니 오른다.

소나무숲을 빠져나오니 꽃밭이다. 달걀꽃이 하얗게 길을 낸다. 깊이 들어갈수록 나무가 없고 풀이 우거졌다. 노란 달맞이꽃에, 하얗고 붉은 접시꽃에, 싸리나무 닮은 큰낭아초 감태나무에 맺힌 둥근 꽃망울에, 매꽃 으아리꽃 멧딸기 토끼풀 칡은 나무를 감고 풀을 감고 꽃을 감고 땅으로 뻗으며 끝은 하늘을 보며 서로서로 섞여 자란다. 멧자락이 탁 트인다. 풀밭을 걷다가 생각한다. '제주도 오름길 부럽지 않구나.' 풀밭을 헤집고 참나무 곁으로 풀이 적은 자리에 돗자리를 깔았다. 등짐을 베고 눕는다.

돌멩이 하나가 등을 찌른다. 이 돌도 모래를 품고 흙을 품었을 테지. 불길도 품고 비바람도 품었을 테지. 하늘에 두둥실

뜬구름 못잖게, 돌멩이가 품은 부드러운 마음을 헤아리다가도, 자꾸 등이 쑤셔서 자리를 들고 돌을 빼낸다. 다시 등짐을 베고 눕는다. 구름이 멈춘 듯하다. 송이구름 같기도 하고 틈새구름 같기도 하고 양털구름 같기도 하다. 구름과 구름 사이로 보이는 하늘은 푸르고 맑다. 이 구름이 오늘은 햇볕을 가려주는구나 싶더니, 참나무 잎사귀 사이로 햇살이 든다. 자리를 조금 옆으로 옮기고 다시 눕는다.

곁님은 구름을 보다가 눈을 붙이는가. 조용하다. 구름이 어떻게 움직이는지 보고 또 보아도 흩어지지 않는다. 바람이 없어 그렇구나. 얼마나 지났을까. 구름이 안 바뀌는 듯하더니 천천히 바뀐다. 구름이 느리게 아주 느리게 내가 눈치채지 못하도록 느리게 바뀌는 사이 하루가 멈춘 듯했다. 저 구름을 생각했다가 구름 틈으로 보이는 깊은 하늘에 빨려들었다. 문득 곁님한테 말했다.

"여보, 우리 둘 가운데 누가 오래 살겠어요?"

"뭐, 니가 오래 살지."

"뻣뻣하고 억지 센 그대를 데리고 가서 어떻게 부려 먹겠어요. 더 나긋하게 맹글어서 데리고 가겠지. 말 잘 듣는 나를 먼저 데리고 갈 걸."

이 말을 하고 나니 마음이 야릇했다. 저 넓고 넓은 하늘 밑으로 우리가 사람으로 태어나기나 할까. 그 무엇으로 태어나도 서로가 알아보지 못하겠지. 그런데도 산 밑으로 보이는 높은 집에서 창문조차 보이지 않는 작은 집안에서 듣기 싫은 말만 내뱉기만 했을까. 우리가 사랑이라는 말은 또 얼마나 해봤을까. 처음 만났을 적부터 사랑이라는 말은 할 줄 몰랐다. 어쩌면 사랑을 마음껏 드러내지 못했는지 모른다. 나무라는 말씨에 대드는 말씨가 사랑인 줄 잘못 아는 굴레에 갇혔는지 모른다. 저 넓고 넓은 하늘에 내가 펼쳐 놓을 사랑이며 삶이 양털구름 한 조각도 안 되는구나.

"이다음 어느 별에 갈까요?"

"……"

"아마 그대는 일 많이 하니 일꾼을 다스리는 별에 갈 거야. 난 고요별로 갈 거야. 술 많이 먹는 사람이 가는 별이 있고 저마다 가는 별이 있어."

숲에 오면 내 말을 듣는 이 사람, 나무에 기대앉아 무엇이라도 쓰고 싶다. 그래 보라고 한다. 짐에 넣어둔 수첩을 꺼내 준다. 멍하니 바라볼 뿐 내 말을 가로채거나 자르지 않았고 쓸데없는 생각인데도 끊지 않았다. 걷다가 이야기하다가 문득 수첩에 적어도 가만히 기다려 준다. 여느 때와 다르게 내가 좋아하는 일을 조금씩 뒷받침을 해준다고 느꼈다. 말로 드러내지 않을 뿐이다. 곧 펴낼 노래책(시집)에 넣을 내 사진을 본 어느 날에는, 내 사진을 액자에 담아 피아노 위에 올려두란다.

하늘을 보면 하늘로 빨려든다. 눈을 감으면 떠오르는 이름, 눈을 뜨면 떠오르는 이름. 어떤 사람이 나를 떠올려 줄까. 내가 떠올릴 사람은 있기나 할까. 구름처럼 떠다닐 외로운 넋을 떠올린다. 그러니 이 하루 헛되게 보내지 말자. 함께 가는 우리 끈이 다 할 때까지 못다 한 사랑을 하고 주지 못한 사랑을 다 주어야지. 돗자리 옆에 아등바등 작은 개미를 보며 작디작은 솔방울을 안고 가는 메뚜기를 보면서 목을 축이는 이슬방울을 보면서 달그락거린 마음을 찔끔 나오는 눈물로 헹군다. 그래도 어디 작은 별이 하나 있다면 이 사람을 선뜻 데려갈까. 자주 하늘을 올려다보아야겠다. 몸을 두고 갈 적에는 저 하늘만큼 사랑과 노래와 글로 채우고 싶다.

하얀옷

네거리에서 문득 아는 언니가 생각났다. 자고 일어나서 그런가, 목소리에 힘이 없다. 입맛이 없어 이것저것 넣어 김밥을 말았단다. "주말 잘 보냈고?" 묻길래, 그제 용암산에 올라, 누워서 하늘바라기하고 시를 썼다고 했다. "둘이 마음 잘 맞아가고 시인 길도 잘 가고 있다" 한다. 다 언니한테 좋은 기운 받아서 그렇다고 말했다.

"그렇제, 착하게 살아서 좋은 사람이 오는 거다."

언니 말에 부끄럽다. 겉으로 보이는 모습이 다 아닐지도 모르는데도 언니는 착하게 보았을까. 가깝게 지내는 사람이 없는 내게 언니는 언제나 따뜻하게 손을 잡아준다. 곧 노래책(시집)이 나오는데 사람들 앞에 내놓아도 될지, 내놓고 손가락질이나 먹지 않을지 걱정하면 힘을 보태준다. 문득 혼자라는 생각에 마음이 가라앉으면 언니한테 전화한다. 이럴 적마다 길을 가르쳐 주고 내가 잘못 생각하는 일은 나무란다. 언니 같고 엄마 같고 스승 같다.

씩씩하던 목소리가 어찌 힘이 없길래, 점심때 만나자고 했다. 서문시장에 옷을 찾으러 갈 일이 있다고 거기서 국수를 먹자고 했다. 계단 밑에서 국수를 파는데 마침 쉬는날이다. 되돌아 나오는데 다른 집에서 국수를 먹고 가라고 손짓한다. 한 집 지나자 또 손짓해서 앉는다. 서문시장은 언니와 몇 걸음 했지만, 어디가 어디인지 아직도 모른다. 언니가 넋을 똑바로 안 차린다고 한 소리 하는데도 아무렇지 않다. 내가 생각하기에도 길바보인 줄 알고 도무지 어디가 어딘지 모르겠다. 그냥 언니 믿고 애써 길을 알려고 덤비지 않았다.

시장 사람을 구경하면서 옆 건물에 있는 '백작'이라는 옷가게에 갔다. 이름처럼 하얀 옷이 걸렸다. 하나같이 천이 보드랍고 자꾸만 눈길이 간다. 언니는 엉덩이를 덮는 긴 블라우스를 미리 맡겨 놔서 내 옷을 골라준다. 어찌 언니가 골라준 옷이 다 마음에 든다. 하얀빛이 이렇게 깨끗할 수가. 나도 이 하얀옷을 입고 싶었다.

목깃이 정갈한 것도 고르고 민소매도 둘 고른다. 걸쳐 입을 앞이 트이고 허리끈을 묶는 옷도 고르고 허리에 걸치는 부드러운 겉옷도 집는다. 이 치마에 어울릴 꽃으로 수놓은 신도 골랐다. 언니와 옷집지기는 허리에 끈을 묶는 길도 알려준다. 가슴이 패인 치마는 어깨끈을 조금 줄이면 딱 맞을 듯하다. 줄여서 입게 옷핀을 꽂아 달라고 했다. 옷 하나 고르고 값을 깎고 또 고르고 깎은 옷값이 육십만 원이 넘는다. 만 오천 원을 빼준다.

이제 돈을 너무 많이 쓴 듯해 걱정스럽다. 두 언니는 집에서 놀 적에 백화점에 가서 사면 옷 하나에 이 값보다 비싸다고 한다. 그동안 애써 일했는데 나한테 이만큼은 해도 된다고 거든다. 그래, 곁님도 내가 사진을 찍을 적에 옷이 없어 열 해도 더 묵은 옷을 입은 줄 아니, 이쁜 옷을 사면 속으로는 좋아할지도 모른다. 책을 사고 배움 삯을 주니 옷에는 그다지 눈길이 가지 않았다. 이쁜 옷을 산들 내가 하는 일이 어설퍼서 입을 틈도 없다. 곁님한테 꾸중을 들을 판인데도 좋아할지 모른다는 생각만 했다. 이 옷을 입고 다니면서 하고 싶은 일이 떠올랐다.

스무 살에 이 사람을 만나 사랑다운 사랑을 하지도 못했다. 군인이었다가 학생이었다가 직장을 다녔지만, 멋있게 만나서 돌아다닌 일이 없다. 은행잎이 노랗게 떨어지던 늦가을에 동무들과 하회마을 부용대 곁에서 배를 탔고, 개나리꽃이 피던 봄날에 민속촌 거리를 같이 다닌 일만 생각난다. 대학생처럼 보내지도 못하고 일찍 집안을 꾸리다 보니 이때 못한 사랑을 하고 싶다. 옷을 이쁘게 입고 다시 사랑을 느끼고 싶었다. 그제처럼 멧골 풀밭에 누워 하늘바라기 하듯이 그러고 싶다.

아마 밖에서 만나면 이 사람이 깜짝 놀라려나. 작은딸이 시집을 가는지 내가 가는지 헷갈리지는 않을는지 생각하니 웃음이 난다. 다가오는 일요일에 산에 가지 말고 바닷가나 어디 좋은 곳으로 놀러 가자고 졸라야겠다.

둘

매미노래가 온 숲을 울린다

까기

내가 없는 사이 유선이가 취나물을 다듬었단다. "큰일 했네" 한마디 해주었더니 "명희가 아가씨인데도 왜 나물을 다듬는지 알겠다"고 한다. 나도 이렇게 말한 적이 있다. 나물을 다듬으면 귀찮게 여길지 모르지만 뜻밖에 재밌다.

마른 잎을 고른다. 살짝 무른 잎도 고른다. 먹을 수 있는 성싱한 잎끼리 따로 모아 한 자루 담아 놓으면 뿌듯하다. 나물은 묶어서 다듬을수록 손길이 더 가는데 돈은 덜 받는다. 나물이 제 임자를 찾아가며 제 몫을 다한다고 생각해서 그럴까. 팔아도 얼마 안 되지만 누가 사가면 즐겁다.

죽음 끝에 살아난 나물이기에 다듬는 손길은 숨결을 다스린다. 비닐에 담아 놓은 청경채가 물방울이 차서 끝이 무르고 누렇게 떴다. 유선이는 자루를 뜯어 청경채를 한곳에 모으고,

나는 잎을 다듬고 그릇에 담는다. 네 그릇이 나와서 칸에 둘 수 있다. 이제 로메인이란 나물을 다듬는다. 자루마다 하나씩 물렀다. 로메인이 비를 맞았는지 뚝뚝 꺾인다. 처음 왔을 적부터 이러더니 까맣게 무른다. 유선이는 자루를 뜯어 한곳에 모으고 나는 골라서 새 자루에 넣는다. 둘을 다듬고 나니 개운하다.

시골서 갖고 온 옥수수를 까야 하는데 무겁다. 유선이와 둘이 들어 옮긴다. 빈 상자를 바닥에 놓고 껍질을 담는다. 밭에서 막 딸 적에는 푸릇푸릇 싱싱했는데 이틀 지나니 바람이 안 든 탓인지 껍질이 까맣다. 껍질이 말라서 돌돌 말리며 하나씩 떨어졌다. 지저분한 껍질을 떼고 까맣게 마른 수염 가루가 떨어지지 않게 훑는다. 유선이는 이제 바닥에 쪼그려 앉아서 깐다. 손힘이 무척 든다. 손가락이 욱신거린다.

옥수수 껍질이 봉긋하게 쌓인다. 껍질을 상자에 차곡차곡 담으며 손이 아프다고 투덜거릴 적에 전기를 만지는 사람이 왔다. 다달이 와서 둘러보고 종이에다 써주고 가는데, 내 옆에 오더니 "시골서 갖고 왔나 보죠?" 하고 묻는다. "껍질을 까놓으면 안 팔릴 낀데, 내가 사갈까" 하더니 어디서 갖고 왔는지 상자를 들고 온다. "몇 개에 얼만교?" "다섯 개 삼천 원인가." "그래요." "여섯 개씩 짝맞추어 담아 볼게요." 세 벌을 담았다. 사장이 곁에 오더니 더 넣어 주라고 한다. 열다섯에 만 원 할 것을 서른 개를 넣었다. 손마디가 아프고 손목이 아팠는데 옥수수가 확 주니 힘이 난다.

껍질이 상자에 넘친다. 바닥이며 곳곳에 떨어지고 어설프기 그지없다. 좁은 길로 들고 가자니 이리저리 받친다. 가게 사장한테 좀 들어 달라고 했지만, 다른 일을 챙긴다고 바쁘다고 한다.

손길이 많이 가는 일을 할 적에, 또 이렇게 손힘을 많이 들여서 까는 일거리를 보면서도, 저 혼자 바쁘다는 말씨로 기운을 툭툭 빼고서 가버리면 속이 쓰리다. 시름시름 죽어가던 나물을 다듬던 마음을 생각한다. 남을 탓하지 말자. "유선아, 이거 들자." 둘이 까 놓은 옥수수를 앞으로 옮긴다.

나물은 까면 속이 드러나도 싱싱한데 말은 까면 속이 뒤집힐까. 숲을 다니며 책을 읽으며 잔뜩 마음을 다스려도 일이 힘들 때면 훅 튀어나오는 말이 날카롭다. 혀는 입안에 있는데. 입은 제멋대로 노는 혀를 어떻게 바라볼까.

오누이

 손님이 문을 열고 들어올 적마다 그림자처럼 그 사람한테 어떤 말이 붙어 온다. 할머니 할아버지 아줌마 아가씨 학생 어린아이를 따라오는 말, 목소리와 몸짓과 옷차림새에 따라 늙은 말 젊은 말 맑은 말이 가게에 들어온다. 오늘따라 이 사람들 나이에 어울리는 물건을 찾아 구석구석 다니고 뒤따라온 말이 우리 물건에 숨결을 넣고 시렁을 흔들어 깨우는 듯했다. 사람과 물건과 말이 함께 숨을 쉬는 듯하다.

 가게에 있는 큰 냉장고는 문이 없다. 여름에 찬바람을 돌리지 않아도 차다. 소름이 돋고 추워서 팔짱을 끼고 손바닥으로 살을 비비는데, 어느새 두 아이가 내 앞에서 얌전하게 두 손을 배꼽에 얹고 절을 한다. 누나는 잠옷 치마를 입었다. 풀밭에 기린이 있고 커다란 풍선이 하늘을 날고 파란 구름이 담긴 가방을 들었다. 살결이 뽀얗고 하얀 웃옷과 방긋 웃는 얼굴이 깃든 복숭앗빛 치마가 곱다. 동생 손을 꼬옥 잡았다. 두 아이한테서 빛이 뿜어져 나오는 듯했다.

초콜릿을 골라 가방에 담고 아이스크림을 둘 고르고 과자도 고른다. 누나가 내게 쫓아와서 "안성탕면이 어디에 있어요?" 묻는다. "맨 끝 골목 끝에 있어. 한자로 적혀서 얼른 못 찾았나?" 하고 뒤따라갔다. 알록달록 쌓인 라면이 많아 얼른 눈에 띄지 않았을 테지. 낱 봉지를 먼저 손짓하고 모퉁이에 쌓아놓은 묶음도 손짓으로 알려주었다. 한참 생각하더니 묶음을 든다. 이제 가방에 담은 과자를 내 앞에 와서 쏟아붓는다. 나는 하나하나 찍고 아이는 가방에 차곡차곡 담는다. 묶음라면은 들어가지 않네. "이건 동생이 들고, 가방은 누나가 들고 가거라" 했다. 누나가 오른쪽 팔에 가방을 걸고 뒤를 힐끗 보면서 한 계단 두 계단을 내려가고 동생이 한 걸음 뒤따라 내려오자, 동생이 라면묶음을 든다. 왼손에 들고 가슴에 안고 가방이 걸린 오른손으로 손바닥을 하늘이 보이게 펼친다. 동생이 왼손을 올려 누나 손을 잡는다. 말은 하지 않아도 누나가 이끌고 동생이 걸음을 맞추고 나란히 손잡고 또 나란히 걸어가는 모습은 하늘빛 맑은 말과 해가 뿜는 따뜻한 말이 길에서 까르르 웃으며 사뿟사뿟 뒤따르는 듯하다.

우리 아이들이 다 크고 나니 어린아이들 보기조차 힘들다. 배움터에 안 가는 날이라서 그런가. 심부름도 하고 장보기도 배우는 두 아이 모습이 티끌 하나 묻지 않아 보였다. 내게도 저런 날이 있었나. 아버지 물심부름을 해야 하는데 캄캄한 밖이 무서워 동생하고 같이 갔다가 들어올 적에는 서로 먼저 들어오려고 옷을 당기고 물러나고 또 당기고 한 대 때리고 앞다투었다. 그렇지만 우리 아이들도 이 아이만 할 적에는 서로 업어 주고 허리를 구부리고 키를 맞추고 손잡고 잘 데리고 다녔다. 열 살까지는 아이들이 하는 말이며 몸짓이 가장 맑다.

자라나면서 사랑을 더 차지하려고 시샘하고 일러바치고 제 앞가림을 한다. 많은 것을 보고 배우면서 알아버린 일이 늘어났다. 그렇지만 두 아이처럼 맑은 모습은 몇 날 더 있기도 있다. 처음 바깥(사회)으로 나아갈 때, 짝을 만났을 때, 첫 아가를 낳았을 때가 아홉 살 누이와 일곱 살 동생인 이 아이들 모습 같다. 두 아이가 걸어가는 모습이 예쁘고 우리 딸이 짝을 만나 눈을 마주하며 웃는 모습도 마치 이 두 아이와 겹치고, 서로 많이 알아버리기에 앞서 마음결이 곱다고 생각한다. 이 예쁜 모습에 구름마저 파랗고 구름에 숨은 무지개가 스스로 나와서 두 아이 두 사람 뒤에 빛을 뿜는 듯 맑게 마음빛이 흐른다.

사랑이란 씨앗이 이처럼 고운 얼굴이 아닐까. 마음을 주고 마음을 받고 싶은 셈도 하지 않고, 발라당 까지거나 두려운 사랑도 아닌 하늘빛을 생각한다. 오누이처럼 손잡아 줄 사람이 다섯 아니 세 사람, 아니 한 사람만이라도 둘레에 있다면 얼마나 좋을까. 글동무도 되고 시답잖은 이야기도 들어 주고 뭘 바라지 않고 홀리지도 않는 누이처럼 지켜주고 함께 자라나는 삶으로 나란히 걸어가는 오누이를 그린다. 눈뜨면 사라지는 이슬 같은 이야기여도.

숨통

신호등이 바뀌고 브레이크를 꽉 밟았는데 차가 부르르 떤다. 누가 앞에서 끌어당기는 듯 그대로 박차고 달릴 듯이 덜컹 멈칫 또 덜컹 멈칫하며 몸도 까딱까딱한다. 판을 보니 그림 하나에 노란불이 깜빡인다. 기어를 뒤로 당겨 N에 두지만 멈추지 않고 앞으로 밀어 P에 놓고 발을 떼어 보지만 덜컹덜컹한다. 뒷거울로 보니 마침 차가 안 온다. 바로 옆으로 옮겨 모퉁이 타이어 가게로 갔다. 바퀴가 말썽 나지 않았지만, 아저씨는 알지도 모른다. 그렇지만 도움을 바라는 내 말이 채 끝나기도 앞서 손사래 친다. 이튿날 고치는 곳에 맡기자고 생각한다. 처음으로 깜빡이던 그림인데, 내렸다 타니 사라졌다.

    이튿날 아침에 먼저 나간 곁님이 지하실에서 부른다. 시동 버튼을 짧게 눌러 판에 나오는 그림을 보고 앞뚜껑을 연다. 긴

핀을 빼서 물과 기름을 찍어 보지만 왜 그런지 까닭을 모른다. 하루 일손을 빨리 마치고 고치러 갔다. 손잡이 밑에 기계를 꽂아 차를 훑는다. '스로틀 바디'에 때가 끼었단다. '스로틀 바디'가 뭔지 물으니 엔진으로 들어가는 바람을 맞추는 길인데 먼지 때문에 길이 좁아서 바람이 제대로 들어가지 못한단다. 사람처럼 자동차도 숨통이 죄여서 헐떡거리느라 덜컹거린 셈이다.

내 몸에 있는 핏줄처럼 자동차 엔진이 굵고 가늘고 꼬부라지고 얽혔다. 내가 빨리 달리면 달릴수록 발을 더 밟고, 밟을수록 열리는 그곳에 바람이 듬뿍 들어가고 닫히고서 숨을 쉬어야 하는데, 문이 살짝 열려 온몸을 흔들며 숨 좀 쉬게 해달라고 덜컹거리며 알렸구나. 내가 밟을 적마다 억눌린 바람이 기름을 만나서 터지고, 이 힘으로 차가 굴러간다. 내가 마음껏 돌아다니게 하는 자동차도 바람이 어루만져야만 달릴 수 있구나. 바람처럼 구석구석 다니고 싶어 한숨짓는 마음도 이럴까.

지지난해 이어서 동서남쪽 끝자락 섬을 돌고 싶다. 그때처럼 길그림을 펼쳤다. 바다보다는 숲을 좋아하지만 마음은 섬에 있다. 밋밋한 바다를 보면 까마득하곤 했는데, 이제는 바다가 아득하지 않다. 바위에 부서지는 물거품처럼 바닷가 몽돌이나 모래가 하는 이야기를 듣는다. 밀려오고 터지는 그곳에 보이지 않는 것들이 말을 걸어오는 듯하다. 짭조름한 바닷

바람이 들려주는 이야기를 들으며 하루 일을 마치고 돌아가는 붉은 노을이 바다로 갔다가 솟아나며 다시 붉게 물들이는 아침 바다를 보고 싶다. 붉은 빛살이 남기고 가는 이야기를 듣고 싶다.

내 자동차는 짝 이름을 달고 달린다. 이웃 언니는 마음껏 다니려고 차를 제 이름으로 샀다. 곁님이 뒤질까 싫어서 검은 상자(블랙박스)도 다 떼어 버렸단다. 그렇지만 나는 차만 몰다뿐이지 발목이 꽉 잡혔다. 차가 말썽이 나면 곁님한테 먼저 전화하는 버릇이 나오고, 보험이나 여러 가지까지 곁님 이름이다. 내가 다니는 곳마다 자취가 남고 기름을 넣거나 물건을 사고 먹는 일까지 카드를 쓰는 족족 자취가 남는다. 나는 이 삶이 익숙해서 굴레인 줄 느끼지 않다가, 이웃 언니 말을 듣고 보니 숨통이 막힌다.

언제가 될지 모르지만, 새 차로 바꿀 적에는 내 이름으로 사고 싶다. 찻값을 어머니가 반 보태 주어서 그동안 참 잘 탔다. 나중에 홀가분히 다닐 적에는 어디에 있는 돈으로 갔느냐고 묻지도 않을 테고 내 마음대로 돈을 써도 쪽글 알림도 안 갈 테지. "그냥 어딜 좀 다녀올게, 어디로 바람 좀 쐬고 올게." 이쯤 말만 하면 얼마나 좋을까. 쓸데없이 앉아서 나를 지켜본다는 생각도 안 할 테지. 다 고치기를 기다리는 동안 이런저런 생각이 갈마든다. 생각만 해도 숨이 막힌다. 자동차가 먼저 느끼고 내 숨통을 느꼈을까. 알림불을 잘 고쳐서 마음껏 나들이하라고 차가 거든 듯하다. 엊그제 산 듯한데 이 차도 어느덧 여덟 해가 되네. 다닌 거리를 셈하니 하루에 17km 달렸으니, 이제부터 10km 더 달리자. 숨통 트이게.

잘 썼나

이레 뒤에 책이 나온다. 내가 쓴 시를 모았다. 자랑하고 싶다. 잘했다고 해줄 만한 피붙이가 있을까 궁금하다. 둘레에 쪽글을 남기니 하나같이 "한 권 사면 될까?" 하고 묻는다. 우리 집에서도, 아이들도 그다지 기뻐하지 않는다. 남이라 할 만한 먼 사람들에게 "축하한다."거나 "잘했다." 같은 말을 들어도, 우리 집에서는 바라기 어려운 듯싶다.

그래도 이 무덤덤한 사람들한테 빙긋빙긋 웃으면서 알린다. 스스로 슬쩍 자랑질까지 해본다. 작은오빠는 "응, 살게. 축하한다. 대박 났으면 좋겠다." 한다. "그래, 작은오빠야는 몇 권 사주나?" 하고 물었더니 "둘레에 책 좋아하는 이가 없어서 줄 데가 없는데?" 한다. 엄마한테도 "엄마는 책 많이 팔아줘야 한대이, 엄마한테는 책 한 권이 아주 비싸대이." 했더니, "야야, 내가 요즘 일을 나가지 않아 돈이 없다."고 짜는 소리를 한다. "엄마, 돈은 이럴 때 쓰는 거야." 했더니 "그라마 한 권 사서 친구한테 줄까?" 하고 묻는다.

"잘 썼나?"

"잘 못 썼는데, 부끄럽데이. 내가 내 글을 스스로 잘 썼다고 어째 말하나. 그저 책을 읽어 주는 사람들이 잘 읽어 주면서 마음을 알아주기를 바랄 뿐이지."

글밥을 먹으며 산 사람은 아니지만, 글을 좋아해서 책을 꾸준히 읽어 왔고, 나도 글을 쓰자고 꿈꾸고 시라고 하는 글도 썼는데, 대뜸 "잘 썼나?" 하고 물으면 어쩐지 김이 빠진다. '아, 글은 잘 써야 하는가? 잘 쓰지 않은 글은 책으로 내면 안 되나? 나는 앞으로도 글을 그리 잘 쓸 듯하지는 않은데, 그러면 나는 책을 내지 말아야 하나?' 나는 무얼 바라며 둘레에 알리고 물어보았을까. 그저 한 권을 사주겠다는 한마디를 하면 좋을 텐데, "잘 썼나?" 하고 묻기보다는 "잘했네. 애썼네." 같은 짧은 말이면 좋겠는데.

엄마는 잘 써야 남한테 준다는 생각을 하는구나. 딸이 그토록 하고 싶던 글을 써서 드디어 책으로 내는데, 함께 좋아할 줄 모르는구나. 글을 잘 쓰지 못해도 딸이 낸 책이라고 무턱대고 못 산다는 말은 짜다.

문득 돌아보니, 우리 엄마가 나한테 무뚝뚝하게 말하듯, 나도 우리 딸한테 이렇게 말했구나 싶다. 우리 딸이 힘들다는 말을 늘어놓을 적에, 나야말로 대수롭지 않게 말했지 싶다. 아마 우리 엄마처럼 그렇게 들렸을지 모른다. 작은 상을 받아도 엄마한테는 자랑인데, 우리 엄마는 "잘했다"는 말을 하지 않았다. 속마음은 어떤지 모르지만, 엄마 눈빛은 벌써 어딘가 앞서가곤 했다.

그렇다고 다른 어른한테 말하지도 못하겠고, 지지고 볶아도 그래도 미더운 사람은 곁님이 아닌가 싶다. 이 사람 또한 "잘했다"는 말을 밖으로 꺼낼 줄은 모르지만, 그저 조용히 지켜봐 주는 일이 이 사람이 드러내는 마음이다. 우리 아이들도 내가 하는 일에 시큰둥하고 나만 들뜬다.

큰애 생일

큰애가 팔월에 집에 온다고 한다.

"엄마하고 한 이틀 바람쐬러 가자."

"어디로?"

"남쪽이나 서쪽 섬으로."

"엄마 운전 솜씨 못 믿겠는걸."

"탈 나면 둘이 겪어 가면서 정도 내고 좋잖아."

"왜 가려고 해?"

"니캉 좀 더 가깝게 지내고 싶어서 그러제."

"이미 좁혀졌는데 뭘."

"며칠 뒤, 니 생일이네. 미리 축하해."

"엄마는 한 번도 축하 안 해줬어."

"무슨 소리야, 네 생일날 바빠서 그렇지 늦게라도 꼭 했는걸. 봐, 지난해도 했잖아."

"근이 제대 일자는 기억하면서 내가 생일이라고 말해서 한 말이잖아. 손꼽아 제대 일자는 기억하면서 딸내미 생일은 모르고."

아무래도 같이 가기 싫은갑다. 다른 사람은 잘 챙기지 않아도 제 생일은 챙겨 주기를 바라는구나. 뭔가 모르지만 꼬였구나. 반갑게 말하다가 끊을 적에는 말이 무겁다. 어린애도 아니고 말하기도 조심스럽다.

이 아이가 네 살 무렵이었을까. 둘째가 태어나 동생을 귀여워했는데, 그때 찍어 놓은 사진을 보면 고개를 푹 숙였다. 내가 둘째를 감싸안은 사진마다 토라진 낯빛이 붉다. 그때는 잘 몰랐는데 사진으로 보니 큰아이 마음을 이제야 읽는다.

셋째는 아들이라고 이뻐한다는 말도 가끔 듣는다. 한창 손길이 가는 동생인데 이뻐하면서도 엄마는 아들만 좋아한다는 말을 하면서 마음을 드러냈다. 무슨 이야기만 있으면 아들만 챙긴다고 하네. 서른이 넘었는데도 그러네. 그냥 넘어가려니 자꾸만 걱정스럽다.

"여보, 아무래도 큰애가 어린 날 동생이 태어나고 사랑이 빼앗겼다는 생각을 아직도 하나 봐요."

"무슨 일 있었나?"

"지난해 지 생일 안 챙겨줬다고 하잖아요."

"안 챙겨 주지는 않았을 낀데."

"아빠는 챙겼다고 하는데, 당신 지난해 용돈 보냈어요?"

"아니."

"그러면 앞으로 나한테 이야기하고 내가 보내는 쪽으로 해요. 당신은 아들 보는 앞에서 나를 깔보는 말 좀 하지 말아요. 나를 우습게 보잖아요."

"그러면 니가 십만 원 보내 줘라. 맛있는 거 사 먹으라 하고."

"알았어요."

오늘이 그날이다. 깜빡 잘해서 잊을까 싶어 어제 낮에 전화했더니 나중에 하겠다는 알림이 뜬다. 기다려도 오지 않아서 일 마치는 시간에 맞추어 전화했다. 목소리가 힘이 없다.

"내일 니 생일인데 십만 원 보낼 테니 계좌번호 찍어 봐라."

"오, 예!"

"잊을까 봐 미리 보내니 내일 맛있는 거 사 먹어."

"고맙습니다."

"돈 준다니깐 목소리가 달라지네."

어쩐지 목소리가 한껏 힘차게 올라간다. 그랬구나. 엄마가 아직도 챙겨 주기를 바라는구나. 돈 십만 원이 얼마나 큰돈이라고. 딸이 다시 깔깔 웃어서 마음이 놓인다. 이렇게 마음 살피며 애쓰는 줄 아이도 나중에는 알겠지. 생일인 오늘 아무런 말이 없으면 이내 섭섭할까 싶어 축하 글월을 띄웠다. 아빠도 축하해 주었다. 아빠는 "맛있는 거 사 먹고 나한테 청구해라." 하고 보낸단다. 좋아서 키득키득 웃는 닿소리를 쪽글로 날린다. 무엇이든 때를 놓치지 말고 말을 해야 할 때가 있구나. 고마워, 딸아.

개구리 소년

그제 와룡산에 다녀왔는데 이 숲에서 사라진 아이들 이야기가 신문에 나왔다. 안동에도 와룡산이 있다. 나무와 풀이 우거지고 밤꽃이 한창 필 적에 그 밑으로 풀밭을 헤치며 올랐다. 오솔길에 바위가 하얗고 돌부리가 많았다. 커다란 바위에 앉다가 까투리가 날아가는 모습을 처음 보았다. 이때도 와룡산이라는 이름이 무서웠고 여기 대구 와룡산도 그랬지만, 지난 봄날에 벚꽃이 아름답게 핀 숲을 본 뒤로 가볍게 올라야지 했다.

회화나무에 꽃이 푸릇푸릇 피고 길바닥은 잎이 쌓여 눈처럼 쌓였다. 대나무 숲을 지나니 건너 넓은 길로 사람들이 올라간다. 쓰러진 나무로 쌓은 계단이 이어진다. 가파르지는 않지만 곧고 계단으로 놓은 길이 조금 따분했다.

소나무하고 아까시나무가 웃자라 숲에 해가 덜 드는지 나무에 이끼가 낀다. 비가 오기도 하지만 하루 내린 비로 이끼가 끼지는 않겠지. 바닥에는 겨울에 떨군 가랑잎이 깔리고 사람이 다니는 길가로 어린나무를 심었다. 아직 내 팔뚝보다 가는 편백나무이다. 소나무와 아까시나무 자리에 심었다. 한 나무는 속이 다 비었는데도 아까시잎이 싱싱하고 꼬투리도 맺었다. 바람이라도 세차게 불면 버티기 어려워 보인다. 천천히 제 몸을 내어준다.

은행나무 곁에는 똘기가 떨어졌다. 은행알을 주워 깨물어 반으로 쪼갰다. 은행알은 둥근데 하얗고 사과 씨앗처럼 길쭉하다. 안에는 벌레가 먹었다. 아, 이 매운 풋열매에 새 숨결이 자라는구나. 입맛을 못 느낄 만큼 쓴데 이 열매를 어떤 벌레가 먹을까. 매미노래가 온 숲을 울린다. 나무에는 매미가 벗은 껍데기가 가만히 붙었다. 이렇게 노래가 큰데 뻐꾸기 소리가 맑게 뚫고 나온다.

뒤따라오는 사람도 없고 둘뿐이라 나는 자꾸 멈추었다. 개구리 소년이 자꾸만 생각났다. 곁님은 이 산이 그 산인 줄을 모르지만, 나는 집을 나설 적부터 그냥 께름칙했다. 애써 생각하지 않으려고 숲을 더 살핀다. 이제는 처음 보는 새다. 크낙새를 닮았다. 머리에 빨간 모자처럼 쓰고 부리가 내 손가락 세 마디쯤은 되어 보인다. 꽁지도 빨갛고 얼룩무늬 깃이다. 땅에 기어

다니는 개미를 잡아먹는가. 발자국 소리에 날아갈까 멈추면서 더 가까이 다가갔다. 새는 그냥 하던 대로 먹이를 쪼아먹으면 안 될까. 어느새 날아가 버렸다.

꽃이 없는 산도 있네. 덤불이 없어서 그럴까. 이 말이 끝나자마자 한 뿌리를 만난다. 으아리꽃이 하얗게 피었다. 이제 가파른 길을 다 올라오니, 어디서 왔는지 사람들이 이곳저곳에 앉아 쉰다. 아, 우리가 가장 가파른 길로 올랐구나! 돌아서 올라오는 길은 걷기 좋은 길이다. 사람을 보니 이제 마음이 놓인다. 우리는 사람들이 올라온 길로 내려갔다. 내려가는 길 가운데에 꼭대기라고 빗돌이 있다. 내리막길로 학교 쪽으로 길이 나오면 빠질 생각을 했다. 어떤 아저씨는 두꺼운 서류 뭉치를 들고 오른다. 무슨 시험이 있는가 보다. 이제 학교 쪽 알림판을 보고 내려간다. 내려가는 길에도 쓰러진 나무를 잘라 차곡차곡 쌓았다. 이 길도 사람들이 잘 다니지 않네.

학교가 보이고 두 쪽으로 길이 또 있지만 우리는 학교 쪽으로 갔다. 여기에 학교가 있구나. 이 학교 아이들하고 개구리 소년들이 얽혔으려나. 사람들이 다니기 좋은 길이지만 서른 해 앞서만 해도 숲길이 아직 없었을는지 모른다.

내가 갓 결혼할 때 이 소문이 떠돌았다. 아이를 낳고 학교에 다니는데도 아직도 사라진 아이를 찾지 못했다는 얘기가 텔레비전에서 나오고 사진이 돌아다녔다. 이런저런 꺼림한 소문이 나돌자 무서웠다. 그리고 아이를 잃은 어버이는 얼마나 애탈까도 걱정이었다. 우리 딸이 서른이 넘는데, 그때 이 산으로 간 아이들이 열 살쯤 되었다면 어느덧 마흔이 넘을 아이들인데, 아직도 사라진 까닭을 찾는다는 신문을 보니 또 무섭다.

이제 이 아이들이 좋은 곳으로 갔으면 좋겠다. 신문에 난 사진을 보니 우리가 오른 산은 맞은쪽이다. 나무가 웃자라 해가 덜 들기도 하지만 숲이 응달지고 축축하면 머리칼이 서늘히 선다. 숲이야 예전에 사람들이 싸움을 벌일 적에 피를 흘린 사람이 한둘이겠나. 그때 숱한 넋이 깃든 숲은 거의 안개가 끼고 햇살이 덜 든다. 숲을 자주 오르는 사람이라면 누구나 느낄 만큼 어떤 기운이 감돈다.

슬픔을 품은 숲을 거닐면 어쩐지 내 마음도 무겁다. 햇살이 듬뿍 드는 숲은 바람도 더 불어 주는가. 이 숲에도 새로 심은 편백나무로 나무갈이가 끝나면 햇살을 듬뿍 받겠지. 숲에는 이리저리 흩어진 나무나 떨어진 가랑잎이나 가랑잎 사이를 지나가는 작은 벌레들이 죽음과 같이 살아간다. 개구리 소년이라는 말에 몸을 움츠리고 숲은 아무 일 없듯이 매미는 울고 떠나고 새들은 맑은 소리를 내며 참으로 바지런히 살아간다.

문 닫기

가게에 일 나가기 싫은 날이 가끔 있다. 한두 가지를 손질하려고 가자니, 씻고 차려입기가 귀찮다. 모자를 눌러쓰고 간다. 어제 받아들인 조선 단배추 세 단과 조선 열무 넉 단을 담아 계산대에 주고 오늘은 물건만 싼다.

파프리카가 올랐네. 값만 붙여 자리에 올린다. 잘라 놓은 양배추가 아무래도 적어 보여 반쪽 잘라 놓은 양배추를 또 잘랐다. 바나나는 비닐을 빼서 다 꺼낸 뒤 칼로 반을 자르고 그릇에 담아 싸면, 곁에서 저울에 올려 값종이를 뽑아서 나란히 갖다 놓는다. 토마토는 다섯씩 싸면 좋겠는데, 서로 부딪히면 무를 듯해서 넷을 어긋 담는다. 참다래도 넷씩 담는다. 당근을 둘씩 싸고 옆에서 저울에 올려 값종이를 뽑아서 붙이고, 마늘을 한 자루 뜯어 일곱 그릇에 똑같이 저울에 달아서 담았다. 이래저래 싸기만 했더니 빨리 끝난다. 열두 시가 안 된다. 혼자 집에 가자니 어쩐지 눈치가 보인다.

과자가 빈자리는 새 통을 뜯어 채우고 당긴다. ㄹ과자는 뒤쪽이 텅텅 비었다. ㄹ과자 회사에서 밀어넣기를 할 때는 언제이고 이제는 많이 넣지 못하게 한다. 사탕도 푹 줄었다. 겹겹 쌓인 사탕을 반 내려 빈자리에 채운다. 간장이 아직 안 들어왔네. 빈자리를 찍어 보낸다.

ㅂ에서 물건이 잔뜩 들어왔다. 길마다 상자를 놓았고, 빈 상자까지 있어 다니기에 나쁘다. 아이스크림 냉장고에 상자를 올려두었다. "아지아, 빨리 여기부터 좀 치워래이. 아이스크림도 팔아야제." "네, 사모님." "언니야, 빈 상자 접어서 치우면서 해요. 손님이 지나가게." 내 말이 끝나자 저쪽에서 "아따 사모님 또 그러네." "글체, 내가 여기 있으면 말이 구겨져." "사모님은 고상할 듯한데 여기 있으면 안 될 사람이니더." 한다. 이렇게 거칠고 큰 소리로 말할 적에는 내가 글을 쓴다는 일을 숨기고 싶다. 일하는 사람하고 따로 노는 듯 보여 부끄럽다.

뒷일은 맡겨 놓고 나온다. 옆집 고기 칸을 지나면서 창을 보니 아저씨가 고기를 손질한다. "동영상 보고 부모님 생각나서 혼났어요. 잘 봤어요" 한다. "도장을 안 갖고 와서 찍지 못하는데, 시집 드릴까요?" "작가 이름만 써도 좋다"고 한다. 한 자락을 꺼내어 고기 저울 옆에서 아저씨 이름을 위쪽에 적고 내 이름은 밑에 적는다. 자루에 넣어 드린다. 고기 칸 아저씨가 곧장 꺼내어 보시려 하기에 "나중에 보세요" 하고서 돌아 나오려는데, 아저씨는 고기를 언제 꺼내 놓았는지 소고기 국거리를 한 줌 준다. "책 한 권 드리고 고기 이만큼 얻어 가면 어떡해요" 아저씨는 그저 끄떡끄떡하고 손짓하며 잘 가라고 얘기한다. 고기를 자주 얻어먹어서 부끄럽다.

오늘은 밥때에 밥을 먹는다. 국거리를 조금 꺼내 살짝 볶는다. 그 사이 전화가 두 통이나 왔다. "전화했네." "어제 깨 못 찌거 오늘 찌러 가야겠네." "왜?" "안동은 해가 쨍쨍 났다고 아부지가 오라고 하네. 벌써 조금 낫으로 벴다고 하네. 니가 이따 바꾸면 돈통 채우고 빠진 물건 좀 채우고 가 보내고 문 좀 닫아라." "몇 시쯤 가면 될까?" "오전 반한테 돈통 빼고 정산하고 가라고 했으니 그 뒤에 가라. 참, 오늘 채현는 아파서 못 오고 정희가 온대이." 시골에 가야 하니 떼를 써도 안 갈 수 없고 집에서 가게를 보다가 가야겠다.

비가 와서 그런지 얼마 못 팔았네. 오늘은 술이나 라면을 채워야 하는데, 팔린 숫자를 보니 아직 채울 부피도 아니네. 이젠 가게에 우리 둘이 없어도 무덤덤하다. 이제는 우리 둘 가운데 하나가 가게에 없으면 안 된다는 생각을 조금씩 버리고, 함께 일하는 사람을 믿는다. 안동으로 건너가서 밤에 불을 켜 놓고 깨를 찌는데, 나를 데리고 가고 싶다던 곁님이 시를 쓰거나 글감을 주려고 애를 쓰는구나 하고 문득 느낀다. 책 한 권 나왔다고 나를 다 드러내고, 내 시집이 책방에 깔린 뒤로 알게 모르게 돕는 듯하다. 글 한 줄로 조금씩 자라고, 그 사람도 조금씩 마음을 쓰는 듯하다. 어쩐지 멍석 깔아 놓은 듯해서 괜히 낯이 간지럽다.

이력서

가게에서 저녁에 일하는 학생이 그만둔다. 이학기 수업이 모두 낮으로 잡혔다. 새로 일할 사람이 다녀갔다. 나는 새사람 얼굴을 보지 못했다. 곁님이 이력서를 보냈다. 빽빽하게 적었다. 어떤 사람일지, 일을 오래 할지, 일을 잘할지 훑어본다.

여느 이력서와 다르다. 꼼꼼하게 적었다. 학력을 보니 여상을 나왔고 마흔 넘어 대학공부를 하고 사이버대에서도 배웠네. 자격증은 간호조무사 사회복지사 아동심리상담사 부모교육상담사 전산회계를 땄다. 열세 해를 은행에서 일하고 열여섯 해를 쉬었다가 간호조무사로 일하고, 막창집에서 주말 곁일을 했다. 여기까지야 누구나 이야기를 하지만 집안 이야기는 좀처럼 잘 안 하더라. 그렇지만 이분은 스스럼없이 적었다. 이분 곁님도 은행에서 지점장으로 마쳤고 아이들이 다니는 일터도 적었다.

나를 돌아본다. 나는 열한 해 앞서만 해도 이력서를 자주 냈고, 우리 집안 이야기는 감쪽같이 숨겼다. 말도 아꼈다. 내가 하는 일을 말하면 월급이 드러날까 싶어 부끄러웠다. 일터를 말하면 얼마나 배웠는지도 드러나고 돈벌이가 드러난다. 우리 집 살림을 다 드러내는 일이 아주 싫었다. 누구네처럼 닭샀이 많으면 떠벌리고 다녔을지 모르나, 마흔 살이 넘어 새로 얻는 일터에서는 내 벌이도 시원찮고 이때 곁님 일터는 몇 군데가 줄고 붙고 어지러운 판이라, 이 일자리를 지켜낼지 밀려날지, 줄어든 벌이마냥 졸아든 마음으로 어깨를 움츠렸다.

우리 가게에서 하는 일은 자격증이 없어도 학벌이 없어도 된다. 학생이나 아줌마나 여자나 남자나 가리지 않는다. 학생은 처음 일하는 사람이 많고 아줌마는 한두 번쯤은 일을 해본 사람이다. 나이 쉰 넘으면 몸이 잘 따라주지 않는다. 거듭하는 일인데도 처음 하는 듯 버벅거린다. 쉬운 듯하지만 쉽지 않다. 돈을 만지고, 물건이 돈이다. 마음을 바짝 써야 돈도 틀리지 않고 물건도 잃지 않는다. 무엇보다 오래 일하지 못한다.

처음 우리가 이 일을 맡아 할 적에는 우리가 해 왔던 일처럼 일꾼한테 깍듯이 했다. 물건을 넣는 사람한테도 깍듯하게 했다. 열 해 앞서만 해도 이들(가게 일꾼이나 배달기사)을 깍듯이 여기는 사람이 드물었다. 위아래가 뚜렷했다. 그때나 이제나 우리는 우리가 받고 했듯이 일꾼을 맞았다. 어떤 사람은 물건을 스무 해나 넣지만, 우리처럼 깍듯이 하는 사람은 우리가 처음이라고 말했다. 이분들 일을 다들 하찮게 여긴단다. 내가 사람을 옆에 두고서 일을 해보아도, 사람을 부려 보아도 우리 일도 똑똑한 사람이 들어와야 하나라도 낫다.

아직 일을 해보지 않은 사람이지만, 이력서만 보고도 느낌이 온다. 이분 첫 일터가 은행이었으면 돈도 잘 다루고 꼼꼼하겠지. 사람을 맞이하는 마음씨도 몸에 익었을 테고, 어쩐지 나긋나긋 상냥해 보인다. 어찔게 일을 맡아 하리라고 헤아려 본다.

얼굴을 보지 않아도 글로 만나지 않아도 이력서 한쪽에 한 사람 삶이 고스란히 남는구나. 첫 일을 그만두고도 끊임없이 무언가 배우려고 애썼다는 대목도 이분이 어떤 마음가짐인지를 말해 주는 듯하다. 내가 젊은 날에 은행에서 일을 해서 그런지, 꼭 내가 쓴 이력서처럼 보인다.

감자눈

 나물 손질을 마쳤다. 밥때가 훌쩍 지났다. 배가 고프니 손이 느리다. 어서 집에 가서 밥 먹어야지. 뒷자리를 추스르다가 까만 뚜껑을 연다. 감자가 싹이 났다. 넷씩 담은 감자를 뜯는다. 과일 깎는 칼끝을 거꾸로 잡고 노랗게 올라온 눈을 파낸다. 손으로 밀면 부러지지만, 배꼽에 싹이 남아서 이내 삐죽 올라온다. 후벼 파고 다시 넷씩 담아 싼다.

 작은 상자에 담아 놓은 감자에도 싹이 났다. 신문을 덮어 놓은 감자를 봉희 씨가 골라온다. 나는 신문에 부어서 눈을 따고, 봉희 씨는 상자에 부어서 눈을 딴다. 감자 하나에 눈이 많다. 움푹한 자리마다 눈이다. 햇감자가 나온 지 이제 두어 달쯤 될까. 감자에 벌써 싹이 났다. 둘은 감자싹을 파면서 수다를 떤다.

봉희 씨가 어제는 두 시쯤에 집에 갔다. 제사를 지냈다. 동서는 부침만 거들다가 방에 가서 눕고 거의 혼자 한 듯했다. 제주도에서 일하는 곁님 전화에 "이제는 당신 아버지 제사 못 지내겠다. 너무 힘들다"고 했단다. 시어머니하고 동서하고 시동생이 다 있는 자리에서 말했다는 소리를 듣고 웃음이 났다. 넉살이 참 좋구나. 첫얼굴처럼 맑고 시원시원한 줄 느낀다.

이제 동생이 제사를 지내야 한다는데 아직도 서툴러 유튜브를 보고 지낸다고 한다. 우리도 한 해에 두 차례가 있고 명절까지 네 판을 지내는데 늘 하나씩 잊는다. 어떤 날은 수박을 사 놓고도 올리지 않았고, 또 어떤 날은 고기를 끼워 놓고도 잊는다. 명태포도 가끔 빠트리고, 지낼 적마다 어른한테 여쭌다고 말했다. 봉희 씨도 시어머니가 이것저것 알려주면 좋겠다는데, 먼저 떠난 이 제사에 입을 잘 열지 않는단다. 지내고는 어서 제 집으로 가면 좋겠는데, 가라고 쫓듯이 말해야 간단다.

감자에 싹이 이곳저곳에 난 것처럼 봉희 씨가 사람이 좋아 옆구리에서 사람싹이 돋는가. 동서네가 와서 이레씩 머물면 빨래와 밥도 다 해준다던데, 엄마처럼 언니처럼 건사해서 사람들이 붙는 듯하다. 제사 이야기에 감자눈을 다 땄다.

감자에 눈이 날 때면 싹을 떼는 일이 귀찮다. 그릇에 담아두면 푸릇하게 바뀌어 검은 비닐을 덮어야 하고, 싹을 떼면 티가 나고 시들하다. 감자에 싹이 잘 나니 씨감자로 쓸 테지. 이 싹도 나처럼 벌써 눈을 뜨고 일하려고 하는지 모른다. 감자는 땅 밖을 나와 빛을 받으면 파릇하고 싹이 난 자리가 맵다고 들었다. 너무 차가운 곳에 두어도 좋지 않다고 들었다. 감자가 땅속에서 줄기 하나에 주렁주렁 열린다. 봉희 씨가 감자 줄기 같아 시집 식구들을 주렁주렁 매달고서도 사이좋게 지내는 모습이 부럽다. 나는 하나뿐인 동서와 잘 지내고 싶은데 틈이 있다. 감자눈을 파낼 때는 내가 마음으로 도려낸 사람들이 문득 떠오른다.

과일바구니

택배가 왔다. 상자가 묵직하다. 부피가 이만큼 되는데 뭘까, 칭칭 감아 잘 뜯기지 않는다. 궁금하니깐 마음이 더 부산스럽다. 칼로 돌아가며 뜯으니 얇고 까끌한 분홍보자기가 나온다. 보자기가 곱다. 풀어서 뚜껑을 여니 과일이다.

누가 보냈지? 상자에 적힌 이름을 보니 작은딸 짝꿍(남자친구)이다. 한가위에 못 오겠구나 하고 어림한다. 상자에는 멜론, 배, 사과, 단감, 자몽, 레드향, 보랏빛 망고, 노란 망고, 용과, 키위가 들었다. 키위 하나는 납작하게 터졌다. '내가 일하는 가게에 다 있는 과일인데 애먼 돈 쓰네' 하는 생각이 퍼뜩 들지만, 그래도 들뜬다.

"덕이가 보냈네. 우리 가게에 과일 많은데 한가위라고 보내는가?"

"응, 한가위라고 보냈대. 망고가 달겠다."

"아직은 야무니, 니 와서 먹어. 키위 하나는 터졌더라. 배는 가운데가 좀 썩었네."

"아무래도 택배라 그런가 보다."

"엄청 좋으네. 첨 받아보아. 먹기 아깝다."

"그래? 우리 가게 과일이랑은 또 다르니까. 맨날 안 좋은 거만 먹잖아."

"그러게 싱싱한 거 먹어 보네. 그나저나 너는 시집에 뭘 안 해도 되나?"

"알아서 했지."

"뭐 보냈노? 우리가 할 일을 너희가 다 하네."

"과일 보냈어. 엄마가 할 일이야?"

작은딸이 이제 어른이 다 되었네. 꼬박꼬박 챙겨 주네. 마음이 곱네. 예쁘다.

병원 앞에서 가게를 할 적에는 과일 바구니를 가끔 꾸렸다. 꽃집이 옆에 있어 커다란 바구니를 사서 파인애플도 담고 포도도 담아 더 푸짐했다. 아픈 사람이 파인애플을 깎아 먹기도 힘들 텐데 보기 좋다고 사람들이 사가더라. 바구니값이 더 드니 팔아서 좋기는 하지만 아깝다는 생각이 들었다. 그렇지만, 받는 사람 마음을 이제야 알 듯하다. 먹지 않아도 기쁘고 보내준 둘을 생각한다. 나도 이다음 우리 딸아이 짝꿍한테 챙겨 줘야지.

예전에는 고기도 등급이 높은 걸 사고 싱싱한 나물이며 과일을 사서 먹었다. 이러다가 가게를 꾸린 뒤로는 싱싱한 나물이나 과일은 목구멍에 넘어가지 않았다. 썩고 곪고 시들은 아이들을 손질해서 먹었다. 시골에서 보내준 나물조차도 한 푼이라도 팔아 보태고 싱싱할 적에 손님이 사 가면 뿌듯하더라.

팔리지 않으면 과일이나 나물이 딱하더라. 우리 집을 도우려고 왔는데 사람들이 안 사가니 저는 얼마나 눈치 보일까. 싱싱하게 하려고 찬바람을 돌리고 골라내고 또 고르는 수고와 번거로움에 낯을 들지 못할지 모른다. 그러니 싱싱할 적에 사람들 눈에 잘 띄어 나가면 나도 뿌듯하다. 임자를 찾아가는 남새가 기쁘게 갈 때가 좋더라. 그냥 버려지면 아까워서 먹기도 하지만 이 아이들이 딱해서 우리가 먹는다. 오랜만에 탱탱한 과일을 먹는다.

맑음

'맑음'은 내가 나한테 붙인 첫 이름이다. 영어로 하면 닉네임일 테고, 우리말로 하면 글이름이다. 2020년부터는 내가 나한테 '숲하루'란 이름을 붙여 주었다. '맑음'이라는 글이름을 그대로 써도 되지만, 어쩐지 새롭게 둘레를 다시 바라보면서 새길을 가야겠다고 느껴서, 글이름을 새로 지으려고 했다.

처음 '맑음'이란 이름을 나한테 붙일 적에는 문득 마음으로 스치는 낱말을 붙잡으려고 했다. '맑음'이란 이름을 쓰면 스스로 맑게 살고 싶다는 꿈대로 가리라 여겼고, 맑은 사람으로 살아가는 길이 스스로 무척 어울린다고 생각했다.

어느 이웃님 글을 읽는데, 글이 참 곱더라. 비단결 같다는 생각이 들어 그분이 쓴 글을 다 뒤지며 읽은 적이 있다. 그렇지만 말은 날씨를 닮았더라. 봄이기도 하다가 바다에서 거세게

밀려오는 비바람이 떠올랐다.

어느 이웃님은 말을 함부로 하지 않는다. 싹싹하게 글을 쓰고 허튼소리를 들어 본 적이 없다. 그런데 짧게 쓴 글을 보면 섬뜩하다. 속을 꿰뚫으려고 하는지, 어쩐지 피바람이 불고 피비린내가 퍼지는 듯했다. 그분 글은 속이 메스꺼웠다.

내가 글을 잘 안다고는 보지 않는다. 집안일을 하고 돈을 버는 일을 하고 아이를 셋 낳아 돌본 아주머니로 보고 느꼈을 뿐이다. 어느 글은 사랑스럽게 다가오고 어느 글은 무섭고 어느 글은 끔찍하다고 몸이 먼저 느낀다. 피비린내가 나는 글에는 목숨을 함부로 여긴 그림자가 들씌운 듯했다. 글도 사람 못잖게 앞서 살던 얼이 담기고, 사람도 앞서 살던 넋이 하나가 아닐까.

시골에서 나고 자라서 시골일을 하던 우리 아버지는 낯빛이 맑았다고 생각한다. 여태 살아오며 우리 아버지 낯빛 같은 사람을 본 일이 없다. 우리 아버지는 여든이 넘어 곧 목숨줄을 놓을 판인데도 낯빛이 맑았다. 열 해 앞서인가. 아버지처럼 맑은 낯빛인 스님을 본 적이 있다. 맑은 사람 앞에 서면 착하게 살고 싶은 마음이 일더라. 어둡던 마음이 밝게 피더라. 죽고 싶던 마음이 살고 싶더라.

맑음과 사나움과 잘잘못을 놓고서 생각이 어지럽다. 낱말도 사람처럼 살아서 움직이지 않을까. 글에 담긴 어마어마한 보이지 않는 삶이 떨어지지 않고 그 사람 입으로, 때론 그 사람 손끝으로 글을 거쳐 살아나고 사그라지는 삶을 보는 듯하다. 어제 읽은 글 한 자락은 하루가 지나도 메스껍다. 그분은 이렇게 뱉어내야 가볍겠지만, 그 글을 읽은 사람이 무거운 짐을 든 셈일 수 있다.

 나는 글을 가볍게 쓰고 싶다. 가볍게 춤추듯 즐기며 노래하듯 글날개를 살포시 펼치고 싶다. 나를 둘러싼 모든 사람들 마음이 훨훨 날아오르도록 슬쩍 옆에서 북돋우는 글을 쓰고 싶다. 맑게, 숲빛인 하루를 담아, 작게 써 본다.

우체국

며칠 우체국에 들렀다. 일터 가는 길에 두 군데가 있다. 집에서 가까운 곳은 어쩐지 딱딱하다. 책 꾸러미 하나를 저울에 올리고 나머지 무게가 같다고 말해도 "올려 주세요" 한다. 나는 "똑같아요" 말했다. 팔을 뻗기 귀찮은가, 말하기가 더 번거로운가. 나도 모르게 발끈거린다. 그러다가 보내는 글자루에 적힌 이름을 생각하며 꾹 참는다. 세 판쯤 이런 일을 되풀이하자 입이 거칠어질 듯해서 일터 가까운 우체국을 들른다. 예전에는 우체국 일꾼이 스스로 저울에 올렸는데, 이제는 우표값을 내는 손님이 올리라 하면서 너무 딱딱하다.

일터 곁 우체국은 군말이 없이 전화번호나 주소를 쉽게 살펴준다. 저울에 하나를 올리고 같다고 하면, 슥 쳐다보고서 그대로 받아들인다. 우체국은 똑같은 우체국일 텐데, 왜 이곳하고 저곳에서 일하는 사람은 확 다를까.

어느 날, 집으로 돌아온 책 꾸러미가 있었다. 처음 우체국에 가져가서 책을 부칠 적에는 글자루(봉투)가 구겨지지 않게 가방에 얌전히 담아서 다루었다. 돌아온 꾸러미는 택배나 등기가 아닌 일반 우편요금으로 보냈는데, 두 이레만에 돌아온 책 꾸러미는 너덜너덜 걸레가 되었다. 풀을 붙인 자리가 떨어지고, 옆이 터져서 책이 통째로 빠져나올 만큼 틈이 나고 귀퉁이가 찢어지고 터졌다. 돌아온 글자루를 보자마자 얼굴이 화끈거렸다. 내가 부친 책을 받는 분이 이런 글자루로 받았다면 몹시 마음이 나쁠 듯하다.

먼 책집에서 책을 사면 으레 테이프로 칭칭 감아서 떼기가 힘들었는데, 왜 이렇게 칭칭 감나 하나도 몰랐다. 이러다가 비로소 깨닫는다. 내 책을 이웃님한테 보냈는데 어떤 일 탓에 나한테 돌아오는 모습을 보니, 우체국을 거쳐 이웃님 손에 닿기까지 거친 꼴을 치러내고 이겨내야 하는구나. 너덜너덜 걸레처럼 돌아온 책을 본 날부터, 나도 우체국에 가서 책을 부칠 적에는 테이프로 칭칭 감는다.

돌아온 시집은 주소를 다시 알아보고서 보내기도 하지만 몇은 다시 보내지 못한다. 책 안쪽에 받는이 이름을 적어 놓았기에 다른 사람을 줄 수 없다. 이런 책은 안쪽을 살살 잘라내어 아쉬운 대로 나눌 수 있다.

　시집이 저 스스로 사람을 잘 찾아가는 듯하다. 손과 발품을 보탰을 뿐 우체국에 들러서 이리저리 옮아가고 또 나누어 가고 편지함에 들어가기까지 참 쉽잖은 길을 거치는 듯하다. 보내는 사람하고 받는 사람 사이에 끈이 안 닿으면 다시 내게 오는 듯했다. 돌아올 것은 돌아오게 마련인가. 잘 찾아간 책은 잘 읽었다는 이야기랑 함께 즐거운 마음으로 날아오고, 어떤 사람한테 간 책은 그분이 받았는지 잃어버렸는지 아무 말이 없어 걱정스럽다.

　시집을 내기도 처음이고 보내기도 처음이다. 첫 시집이니 그럴 테지만 나는 내 첫 시집을 받고서 고맙다고 여쭙는 분을 만날 때면 고개를 절로 숙인다. 이 시집이 제대로 임자를 만났구나. 벌써 눈빛을 찍고 내게 새 이야기로 오는구나.

　책을 처음으로 내고 보내면서 생각한다. 책 하나는 작고 가벼울 수 있을 텐데, 그래도 책을 받았다는 말 한마디 짤막하게라도 쪽글로 띄워 주면 좋겠다. 축하인사를 억지로 받고 싶다는 마음은 아니다. 서로 잇는 이야기를 짧게라도 글줄에 담으면서 마음을 환하게 틔울 수 있다고 생각한다.

　내 손을 떠나 우체국에서 뿔뿔이 흩어진다. 내 안에서 떠돌던 말이 이렇게 집을 꾸려 책 하나로 보내고서야, 어쩐지 그동안 부끄럽던 마음이 조금은 두꺼워지는 듯하다. 몇 사람한테라도 한 줄이라도 따듯하게 읽히고 그분 책마루(서재)에서 쫓겨나는 일이 없기를 바란다.

셋

부엌일을 하며 어제일을 씻는다

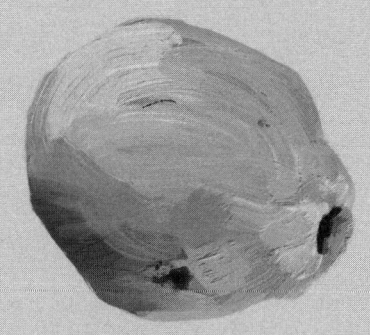

목소리

돌개바람이 지나간 다음날 엄마한테 전화했다. "비 피해는 ……."

"그래, 괘안타. 아랫마을에 일하러 왔다. 뭐라 카노…… 왜 그러노?" "갑자기 말이 안 나와 ……."

"잠 안 자고 너무 공부해서 그렇다."

말이 나오지 않아서 더듬거리는데 엄마는 너무 애쓴다고 하네. 옆에 누가 있는 듯하다. 어쩐 일인지 다른 사람 들으라는 딸 자랑하는 말이네. 삼십 초 넘기지도 못하고 끊는다.

목에 가는 털이 서로 부딪치듯 작게 떨리며 간질간질했다. 말이 나오지 않았다. 기침으로 목을 가다듬고 살가죽을 당기지만 목에서 떨리며 소리를 막는다. 일어나 물을 마시지 않아서 더 그런가. 밤새 입을 꼭 다물고 자서 그런가. 일할 때는 말짱하다가 집에 와서 입을 다물어서 그런지 곁님이 전화하면 기침만 나고 말이 안 나온 적이 몇 차례 있었다. 이러다 목소리를 잃는가. 혼자서 '아아아아' 소리를 내지만 간질간질한 떨림이 사라질 때까지는 내지르지 못했다. 마침 집에 온 큰딸한테 말했더니, 큰딸이 유전자검사를 했단다. 직장에서 건강검진을 받는데 발병률이 높은 암검사를 다섯 가지 해준대서 갑상선암 검사를 받았단다. 발병율이 99%라나. 어쩐다나. 가만 생각하니 우리 엄마가 갑상선 수술을 받았다. 내가 한때지만 목소리가 안 나오는 까닭이 갑상선 때문일까. 그렇다면 말을 자주 하고 목소리가 커서 걱정이고 내 목도 걱정이 된다.

갑상선은 나비를 닮았다는 글월을 봤다. 나비 눈 나비 발 나비 입처럼 목에 작은 구실이 있다고 나비 모습일까. 이 목소리는 어디서 나오는가. 목청이라고는 하지만 목으로 나오면 목소리가 되고 엉덩이로 나오면 방귀가 되겠지.

목소리에 마음이 고스란히 묻어나온다. 이 마음은 또 어디서 있다가 목소리에 실려 나오는가. 어떤 소리는 노래가 되어 웃고 즐겁게 해주고 또 어떤 소리는 축축하게 젖은 울음이 되고 흐느끼는 대로 목소리가 달라붙어 듣는 사람과 내는 사람 마음이 무겁다. 사랑할 때 나오는 목소리, 새들 노래, 강아지나 고양이는 다 다른 목소리가 나온다. 목소리에 입혀 나오는 말이 참인지 거짓말인지 감쪽같이 달라붙는다.

　이 보이지 않는 목소리가 나왔다가 어디로 갈까. 내가 손가락으로 검은 자판을 두들겨도 소리가 나고 내 눈빛이 닿고 손이 닿고 발이 닿는 모든 것에 소리가 있다니. 숨결은 같이 느끼는 구나. 살아서 숨쉬는 소리, 다 다른 소리, 소리는 사람이나 물건에 깃든 마음같다. 목구멍을 뚫고 혀를 가지고 놀고 입술을 가지고 노는 목소리가 내 몸을 입은 빛일까. 말짱할 적에는 느끼지 못하던 목소리가 막히니 소리 뿌리가 궁금하다. 때론 곰상하고 때론 거들먹거리고 가벼운 사람으로 탈바꿈하는 목소리, 늙지 않는 듯하다. 문득 내 입밖으로 나간 목소리를 어느 별 나라에 차곡차곡 담아 두었다가 부르면 말빛을 타고 오는가 하고 생각해 본다. 쇠소리가 나지 않도록 물을 자주 마시고 안팎이 부딪치지 않도록 살펴야겠다.

강가 걷기

큰딸이 집에 왔다. 해가 떨어지면 시냇가에서 뛰자고 한다. 한가위 지나면 달리기 대회에 나간단다. 요즘 뛰기에 푹 빠졌다. "엄마는 뛰지 못해." "그럼 나 뛰는 거 구경해." "그럴까?" 창밖을 보니 구름이 발갛다. 옷을 주섬주섬 입었다.

건널목을 건너고 철길 건널목을 지나 골목으로 빠져나오니 냇가를 잇는 다리가 나왔다. 다리를 건너 강으로 내려갔다. 남쪽으로 가다가 돌아보니 구름이 노을을 입었다. 금빛이었다가 붉게 바뀐다. 더 붉어질까. 딸한테 말해서 길을 바꾸자고 했다. 북쪽으로 시내를 따라간다.

비둘기가 길바닥에 몇 마리 가만히 있다. 다리 밑으로 가까이 가니 포르르 날아오른다. 비둘기가 앉은 곳은 다리 바로 밑판이다. 가만가만 전봇대에 참새가 앉듯이 나란히 앉았다.

끝이 안 보였다. 아, 비둘기집이었구나. 비가 오면 어디서 쉴까. 잠은 어디서 잘까 무척 궁금했는데, 다리 밑판에서 쉬는구나. 더울 때는 시원하고 비바람이 그치면 따뜻하겠다. 내가 있어 물먹기 좋고 햇살이 들면 풀밭에 나와 쬐기 좋고 차에 부딪힐 걱정 없어 마음이 놓인다. 따라 나오길 잘했구나. 이렇게 많은 비둘기가 쉬기에는 다리 밑판보다 나은 자리가 어디 있다고 새삼스럽게 구네.

비둘기 구경에 노을을 놓칠라, 걸음을 빨리 옮긴다. 이러면서도 시냇물 흘러가는 소리를 듣는다. 비릿비릿한 내음이 축축한 바람을 탄다. 또 다리 밑을 지난다. 얕게 흐르는 다리 밑에 흰새 한 마리 우두커니 선다. 물줄기 떨어지는 둑 너머를 바라보는 흰새는 어떤 생각을 할까. 곁에 짝이라도 있으면 바라보는 내 마음이 덜 애잔할 텐데. 어쩌면 나처럼 노을을 보는지 모른다. 하얗던 구름이 노랗다가 붉다가 다시 구름으로 돌아오는 빛을 바라보았을까.

냇바람 내음을 맡으며 노을을 좇는다. 가까이 왔다 싶은데, 높은 길이 가로막혀 더는 볼 수가 없구나. 맞은켠 높은 집에 사는 사람은 날마다 하루 일을 마치고 때론 무겁게 때론 아름답게 돌아가는 그림자를 만나겠구나. 앞에는 넓은 시내가 흐르고 바다에 온 듯하겠다 싶어 부럽다. 나는 발걸음을 멈추고 물에 비치는 붉은 노을을 찾았다. 은빛 물이 흐르는 물살이 여린 쪽에 물이 붉다. 노을이 붉으면 핏빛 시내가 되겠구나. 비록 작지만, 노을이 구름을 물들이고 바다를 물들이는 그림을 무척 보고 싶었다. 머리가 풀어지고 답답하던 마음이 조금은 뚫리는 듯하다.

시장 뒤쪽 높은길 밑에는 알록달록 불빛이 반짝인다. 기타를 치며 노래를 부르고 사람들은 넓은 자리에 앉았다. 빨간 포장마차가 줄을 지어 먹을거리도 판다. 딸이 6킬로미터 달리고 오면 케밥을 먹자고 해야지. 아들이 어린 날 참 좋아했다. 세 아이 먹인다고 맛보지 못했는데, 큰딸하고 먹는다. 피자 맛이 날 줄 알았는데 닭고기가 들어서 그런가. 밍밍하다. 고기를 덮어 놓지 않아서 먹을까 망설였는데, 얼굴빛이 검은 가게 아저씨 힘내라고 팔아 주고 싶었다. 우리말도 참 잘하던데.

시냇물 흐르는 소리가 쌩쌩 달리는 자동차 소리와 부딪치고 기차 달리는 소리하고 부딪힌다. 노래도 한몫하는데 이 시끄러운 소리는 다 어디로 갈까. 비둘기가 다리 밑에서 쉬듯이 소리도 쉴까. 누가 누가 더 세나 내기하는 듯 물가 소리에 귀가 먹먹하다. 이른저녁에 냇가가 시끌벅적하다.

양복

작은딸이 십이월에 시집간다. 식구들이 다 모이는 한가위에 아빠와 동생 양복을 사주겠다고 했다. 한 푼이라도 아쉬울 텐데, 처음이자 마지막이 될지 모르는 선물이라면서 지갑을 연다. 나는 두 사람한테 비싼옷 사지 말자고 했다. ㅇ에 모인 옷가게에서 싸게 파는 옷을 사자고 했다.

ㄱ에 들렀다. 큰딸이 나서서 옷을 고른다. 옷가게지기도 고르고 몇 벌을 입었다 벗었다 드디어 맞는 옷을 찾는다. 파란빛이 도는 옷은 등판이 커 보인다. 이제는 나이가 들어서 다음 해에 입기에는 덜 어울릴 듯하다. 파랗지도 까맣지도 않은 잿빛이 도는 까만빛이 몸에 착 붙는다. 옷을 입으니 잘 받는다.

처음 이 사람을 보았을 적에 입고 온 옷에 반했다. 잿빛인 짧은 웃옷에 파란 바지가 무척 어울렸다. 몸매가 날씬했다. 딸이 골라준 옷을 입고 거울 앞에 선 모습을 보니 그때 모습이 오락가락한다. 아직 옷발이 잘 받는다. 열 해 앞서까지는 양복이 일옷이었다. 오랜만에 새 양복을 입는다. 빨간 넥타이도 고르고 웃옷도 고른다. 작은딸이 돈을 내고 나는 바람막이와 가벼운 바지를 고른다.

이제 아들 양복을 산다. 자리를 옮겨 젊은이 옷집으로 갔다. 아들은 어깨가 크고 허벅지도 크고 오리궁뎅이인데, 이를 감쪽같이 가리는 옷으로 입고 또 입는다. 양복은 좀 작은 듯 입는다는데 아들은 크게 입으려고 했다. 옷을 파는 사람이 제 옷을 입어 보면서 몸에 꼭 끼게 입는다고 말해 준다. 내가 보기에도 조금 크면 팔다리 움직이는데 나을 듯싶은데, 꼭 끼게 입네. 면접을 볼 적에도 입을 수 있는 밤빛으로 골랐다. 넥타이는 맬 줄 모르니 묶어 놓은 걸 사고 웃옷도 장만했다. 작은딸은 동생 양복은 생각보다 비싸다고 말한다.

곁님은 소매가 길고, 아들은 어깨와 엉덩이와 허벅지가 작다. 같은 크기에 어깨만 큰 옷, 허벅지만 큰 옷, 소매만 짧은 옷, 같은 치수가 몸에 따라 잘 나왔다. 옷을 미리 사서 아들한테 작지는 않을까. 신발은 앞이 뾰족하니 발이 커 보인다고 뭉텅한 신발로 바꾼다. 신발은 우리가 사주고 양복값이 비싸 작은누나 돈을 쓰는 일로 미안해하네. 그러면서 한 벌 빼입은 모습이 의젓하다.

작은딸이 사준 양복을 입고 식장에 들어가면 곁님이 눈물을 흘릴지 모른다. 아들은 작은누나한테 첫 양복을 얻어 입어 오래도록 마음에 남지 싶다. 남매 사이도 이때가 가장 좋은 때 같다. 하나하나 집안을 꾸리면 옷을 사주기 힘들다. 제 식구 챙겨야 하고 제 아이들이 더 자라면 아이들에 따라 흐르니, 다 같이 만나는 일이 줄어든다. 동생이 학생일 적에 누나가 해준 선물은 앞으로도 잊지 못하지 싶다. 시키지 않아도 알아서 동생을 거두는 작은딸이 갸륵하다. 베푸는 작은딸이 고맙다.

짜증

손톱 뿌리가 있는 한 마디가 거무데데하게 부풀고 살갗이 뜨겁고 따갑다. 아들이 꺼내 준 얼음을 비닐에 담아 둘둘 감는다. 밥이 모자라서 얼린 밥을 데웠다. 살짝 묶은 비닐 틈으로 쏟아지는 뜨거운 김에 살갗이 익었다. 얼음이 다 녹자 얕은 컵에 얼음을 담고 물을 담았다. 손가락을 물에 담그는데 곁님이 전화했다. 아버님은 벌을 지킨다고 못 오신다. 말벌이 벌을 물고 날 적에 무거워 느리게 날 때 파리채로 잡아야 한다고 시어머니가 오신다고 했다. 삼촌만 온다고 했는데 나도 모르게 짜증이 났다.

이젠 가게 일이 내겐 힘들다. 목이 아프고 손마디 뼈가 튀어나와서 아프다. 아무래도 손마디가 바로 펼쳐지지 않는다. 내 나이쯤 되면 일을 가볍게 해야 하는데 일이 힘들어 스스로 울컥거리는 날이 잦다. 손도 데어 나물을 씻고 주걱으로 볶는 판에 달아오르니 덴 살갗이 아프다. 쌓아 놓은 설거지를 해서 포개 놓았는데 컵이 떨어져 조각났다. 방금 딸이 잔이 예쁘다고 하면서 커피를 마신 그 잔이다. 손을 많이 써야 하는데 어쩌다가 데고 컵이 떨어져 깨졌을까. 한꺼번에 이런 날이 잘 없는데 또 뭔 일이 일어나려나, 짜증은 왜 자꾸만 나는지. 그 일이 또 짜증이 난다.

식구들이 모여 앉아 이야기하는데 재미가 없다. 슬그머니 방에 들어와 영화를 보았다. 살짝 밖에 나가서 둘러보고 잠자리를 봐 준다. 시어른이 오시면 안방 침대를 내드렸는데, 이제는 두 딸이 쓰고 어머님은 바닥에 이부자리를 마련했다. 카페트를 깔고 이불을 깔고 솜판을 깔고 얇은 이불을 펼쳐 놓고, 마루는 곁님과 시동생 이부자리, 작은 방은 아들이 차지했다. 마른 나뭇잎 부스러기가 앉은 자리에 떨어지고 입고 온 그대로 이불에 들어간다.

하룻밤 묵고 가시는데 곁님이 "엄마 차비 좀 줘야지." "…….." 말을 못 했다. 받아쳐야 하는데 "돈은 한 푼도 주지 않고서는 주라 하네" 하고 속으로 말하면서 봉투를 찾아 돈을 받아 넣어 드렸다. 드리는데 기쁘지 않았다. 돈을 주기 싫어서가 아닌데, 아무 말을 하지 않아 얼굴에 티가 나더라는 말을 들으니 더 언짢았다. 그게 아닌데. 내가 언짢은 까닭은 곁님이 돈을 갖고 있다는 일이고, 나는 돈을 달라는 이런저런 핑계를 대기가 싫었다. 한가위 때 두 딸한테 "나도 돈이 든다. 달마다 오만 원씩 보내라." 하는 말을 하려고 벼르고 말했지만 둘 다 징징 짠다. 이 일이 몹시 짜증 났다.

다섯이 모처럼 차를 타고 가는데 딸이 놀린다. 아들이 "엄마 이번에는 시 이야기 안 했는걸" 건널목에서 나는 이쪽 식당에 전화하는데, "저기 식당이 찾았다." 한다. "어디에?" 물었더니 "엄마는 영어 모르잖아." "너는 말을 그렇게 하냐, 엄마가 그렇게 우습냐." 말했다. 내가 묻는 건 식당이 안 보였는데 2층에 있다고 말해도 될 걸 얕본다. 아들 옷을 입어 볼 때에도 다리가 아파 옆에 앉았더니, "냄새나." 하고는 일어서서 저쪽으로 간다. "빨아서 처음 입는데 무슨 냄새가 나?" 말끝마다 얄밉다. 너무나 얄밉다.

꽃 한 송이 사와서 엄마 책 낸 일을 축하해 주기를 바랐는데, "출판기념을 해야 주지." 하고 말하는 곁님이 더 얄미웠다. 글동무 몇이 출판을 축하해 주는데 내가 밥값을 냈다. 잔소리가 무서워 다른 카드로 썼는데, 남 속도 모르고 내 마음도 몰라준다. 그러면서 요즘 달리기에 푹 빠진 딸내미 운동비로 몇 달 끊어주고, 아들 용돈도 다달이 십만 원씩 몰래 보낸다. 나 몰래 보내지 않기로 하고는 몰래 준다. 내 자리가 참으로 한심하고 놀림당하는 듯했다. 나도 돈 쓸 일이 있는데 꾹 참는다. 열 해 만에 소식 준 스님도 만나고 싶고, 남쪽 섬으로 가고 싶고, 해돋이와 해넘이가 붉게 넘어가는 것도 보고 싶은데, 가자고 해도 가지 않고, 속이 터질 듯하다. 올 한가위는 짜증이 달덩이가 되었다. 무엇을 받고 싶은지, 돈이 가진 힘에 짓눌려 딸한테 내가 너무 볼품없다는 생각이 든 이틀이다. 아직 짜증 난다.

심장

차를 세우고 걸어오면서 시어머니를 바라본다. 작은 몸집이 더 작다. 기둥에 서서 나를 기다린다. 멀리서 보니 착한 아이가 두리번거리면서 엄마가 오기를 기다리는 듯했다. 어머니 팔을 잡는다. 문을 열고 들어가니 휠체어가 있다. 종이에 이름을 적고 하나 빌렸다. 어머니를 태우고 가방을 뒤에 걸고 민다.

한 층 내려가서 심장내과에 갔다. 주민증이 없다고 하니 원무과 가서 접수증을 떼오란다. 밀고 가기에는 번거롭다. 이름으로 봐 달라고 여쭈었다. 종이를 뽑아서 준다. 돈을 먼저 내고 옆방에서 심전도 검사를 한다. 바로 누워야 하는데 등이 굽어서 다리를 세우고 베개를 등까지 괴었다. 옷을 걷어 올린다. 어머니 배가 등에 붙은 듯 쑥 들어가 있다. 젖꼭지는 콩알보다 더 작다. 앙상한 몸집이 안쓰럽다고 여기니 눈물이 몰려오더라.

누우니 시할머니가 숨이 멎을 때를 보는 듯했다. 고개를 저으며 떠오른 생각을 지운다.

이제 한 층 더 내려가서 가슴 사진을 찍는다. 하늘빛 겉옷을 벗고 팔이 긴 티를 벗고 속옷 바람으로 찍는다. 휠체어를 가슴 사진판 바로 밑에 세운다. 힘이 떨어지면 그대로 앉을 수 있게 했다. 두 팔 벌려 판을 껴안고 턱을 괴는데, 몸이 줄어든 어머니는 턱을 괴는 곳에 머리도 닿지 않는다. 아홉 살 아이 몸집 같다. 몸을 돌려 줄을 붙잡고 옆 사진을 찍었다. 옷을 입고 혈관센터로 올라간다. 아직 검사할 사람이 오지 않아 문 앞에서 기다린다. 받아 온 종이 뭉치를 건넨다. 다니는 사람이 걸리지 않게 휠체어를 빈자리 옆에 세운다. 안에서 거드는 일꾼이 다섯이고 밖에서 기다리는 사람은 열쯤 된다. 할배도 있고 할매도 있다. 따라온 할매도 있고 아들도 있다.

기다리는 동안 어머니한테 어디에 기계를 넣었는지 물었다. 단추를 하나 푼다. 쇄골 바로 밑 갈비뼈에 가로세로 오 센티미터 되는 네모로 딱딱하다. 처음 기계를 넣었을 적에 살갗이 무척 가려웠겠구나. 몸을 씻을 적에 걸리겠구나. 보는데 내 살갗이 아프다. 건너편에 앉아 있던 할머니가 "기계 자국이 다 드러났네요? 우리 집 양반은 하나도 티 안 나요." 해서 보니 몸집이 크고 살집도 많다. 뼈밖에 안 남은 어머니가 "살이 없어서 드러나네요." 했다. 두 번째로 어머니 이름을 부른다. 제발 아무 탈 없어라. 나는 속으로 기도했다.

종이를 받아 이제 심장내과에 결과를 보러 갔다. 의사는 종이를 보고 한참을 보고 말했다.

"바꿔야 하네."

"언제쯤요?"

"곧 날 잡아야 하는데, 박동기가 다 닳았어. 아, 참 많이 닳았네. 여덟 해밖에 안 되는데, 전기를 갈아 끼워야 한다고 나오네. 기계를 꺼내서 안에 든 건전지를 바꾸는데, 이레는 입원해야 하니 날짜를 잡아야겠는데. 건전지가 두 개 모드에서 한 개로 바뀌었어요. 한 달 안에 해야 해요"

여름 휴가철로 넷째 주에만 날짜를 잡을 수 있다는데, 너무 늦다. 바로 갈아야 한다는데, 아무래도 건전지가 다 닳은 듯하다. 사흘 뒤에 돌림앓이 검사를 받고 음성이 나오면 다음날 들어가기로 날을 잡았다.

쪽지를 하나 받고 돈을 내고 일층 주사실로 내려간다. 기다리는 동안 곁님한테 알리니 "엄마는 만날 시간이 되지 뭐." 한다. 끊자마자 시아버지 전화가 들어왔다. "병원에서 뭐라카더노?" 힘찬 목소리로 물었다. "건전지 바꿔야 한대요." 말했더니 "알았다." 하시는데 목소리가 여리다. 여린 목소리에는 생각이 많은 듯했다. 저 몸에 또 칼을 대야 한다는 마음이 일지도 모른다. 잘못되지나 않을까. 말씀은 하시지 않았지만, 울음을 삼키는 듯했다.

들판을 달리면서 어머니께 물었다. "어머니 살면서 어떤 일이 심장을 뛰게 했어요?" 여쭈었더니 "그케 말이다." 딴말하신다. 돈 썼다고 십만 원을 등 뒤에서 내미신다. "앞으로 내가 얼마나 쓸지도 모르는데 받아라." "괜찮아요, 도로 넣어 두세요." "안 받아도 괘않을라." 어머니 목소리가 참 쓸쓸하다.

가만히 몸을 생각한다. 머리는 둥글고 몸은 네모났네. 머리는 몸을 다스리는 뇌가 있고 몸 맨 위에는 심장이 있고 그다음 아랫도리가 있는데 심장이 우리 몸 딱 가운데이네. 눈물을 보내고 기쁘고 슬프고 즐겁고 사랑하던 마음이 있는 심장이 잘 뛰지 않으니, 몸이 천천히 가라앉는가. 생각을 잃어가는 머리에서 쉬를 지려 아랫도리조차 건사하지 못하는가.

아이 다섯을 낳고 또 몇 잃는다고 쏟은 피, 시동생까지 젖 먹이느라 다 빠져버려 몸조차 둥글다. 시집살이와 어려운 살림을 일군다고 다 써버린 삶이 아쉽지는 않으실까. 밥을 하리라 여기지도 못한 시아버지, 늘그막에 서로 주름을 바라보는 마음, 알뜰히 입 밖으로 내뱉지 않아도 다 오가는 마음, 이제야 사랑다운 사랑을 누리는데 심장은 저 혼자서 뛰지 않으니, 뭔가 멈추어 간다는 줄. 뭔가 간다는 줄. 아득한 걸 본다. '당신을 사랑합니다' 심장내과 벽에 걸린 말처럼 멎을 때까지 온몸을 깨우는 두루 품는 사랑이 으뜸 같다.

은행나무가 들려주다

하늘로 뻗어야 할 나뭇가지가 누웠다. 한 사람이 품은 억센 넋에 은행나무는 고분고분 가지를 한껏 낮춘다. 사백 살 넘도록 도동서원 앞뜰 한자리에서 풀꽃을 바라보고 파릇이 돋아나는 풀잎이 햇빛에 바지런히 일하고 열매를 맺고 다시 고요에 들어가는 모습을 헤아릴 수 없이 지켜보았을 테지. 바람결에 속삭이는 은행잎 말을 듣는다.

몇 사람이 손에 손을 잡아야 나무가 잡힐 듯 굵고 우람하다. 하늘로 올라가는 몸통은 찢어져서 기워놓았다. 이 은행나무를 보고 글집 나이를 가늠한다. 공자를 섬기는 옛집은 나무를 한 그루 심는단다. 느티나무나 소나무 향나무가 있을 테지만 글집이나 배움집에는 은행나무만 심는단다.

김굉필 기림돌을 먼저 둘러본다. 살아서 무엇을 했는지 새긴 글이 있다. 나무판으로 가려놓은 틈으로 들여다본다. 바닥 받침돌에 거북이 머리 둘이 마주 본다. 사백 해가 넘도록 거북 부부는 무슨 말을 나누었을까. 등에 짊어진 돌에 한자를 빼곡하게 새겼다. 읽어내지는 못하지만 군데군데 칸이 빈다. 임금이 내려준 글월을 적을 때와 모시는 분 말을 적을 때는 한 칸을 띄웠단다.

신라 때는 용머리를 놓고, 조선 때는 거북이를 놓았다고 한다. 도동서원 수월루 앞에는 밑돌이 용이다. 머릿돌에도 용이 두 마리가 앉았다. 용왕한테 아들 아홉이 있었는데 맏이인 비휘는 힘이 너무 세서 등짝에 올려놓기를 좋아해서 밑돌로 쓰고, 둘째 이문은 높은 곳에 올라가 멀리 바라보기를 좋아해서 머릿돌에, 셋째 포뢰는 소리내어 울기를 좋아해서 사찰 범종 머리에. 오래 사는 동물 기운을 빌리는 듯하다.

이제 수월루 문 앞에 섰다. 공자가 가르치는 뜻이 동쪽으로 왔다고 동쪽을 높이고 들어가거나 나오거나 동쪽 문으로만 다닌다. 가운데 커다란 문이 굳게 닫혔다. 임금이 와도 그 문으로 지나가지 못한다. 이 문은 높고 낮음이 아니라 문에 그려놓은 태극처럼 음양이 깃든다. 산 사람과 죽은 사람이 다니는 문이 서로 달랐다.

환주문으로 발걸음을 옮긴다. 가파른 곳에 놓은 돌이 거뭇 거뭇 이끼가 끼고, 돌이 곰보처럼 닳았다. 문이 자그마하다. 옛사람처럼 갓을 쓰지 않아도 고개를 팍 숙여야만 지날 수 있다. 내 키에도 살짝 숙인다. 발밑에는 연꽃돌이 가운데에 있어 고개를 숙이지 않으면 발이 걸린다. 고개를 숙여 옛사람을 높이지 않고서는 들어가지 못한다. 머리도 숙이고 몸을 낮추고 바닥을 보고 더 몸을 낮추면 깨끗한 첫마음에 다가간다는 뜻일까. 내 마음을 부르는 문이구나.

고개를 들면 중정당 바닥돌이 눈에 띈다. 크기가 다르고, 네모난 돌빛이 곱다. 빗물이 스미면 옅은 천을 잇댄 조각보 같다. 도롱뇽이 나왔다. 돌에 앉아 위로 아래로 고개를 까딱인다. 하늘님도 제삿밥 얻어먹으러 가는 날에는 물을 건넌다는데, 하늘님은 물을 아주 무서워한단다. 도롱뇽을 따라 하늘님이 나갔다가 돌아왔으려나.

도동서원에서는 기둥이 가장 눈길을 끈다. 둥근 기둥 위쪽에 하얀 창호지가 붙었다. 가운데도 아니고 아래도 아닌 맨 위에 흰 종이를 붙인다. 글집 앞에 흐르는 낙동강으로 다니던 배가 이 흰 띠를 보고 돛을 내렸다가 안 보일 때까지 가다가 돛을 올렸다는 말이 있다. 낮이면 햇빛에 흰종이가 반짝반짝 빛나고, 밤이면 배 불빛으로 붉은빛이 반짝 빛난다는 말도 재밌지만, 이 흰종이가 구름을 뜻한다고 한다. 글집에는 산 사람이 깃들기에 구름이 위이고 구름 밑을 뜻하려고 위에 흰종이가 붙는다. 검은종이가 기둥 밑쪽에 있으면 죽은 신을 그리고 이 마루는 구름 위가 될 테지.

옛사람은 하늘과 땅이 서로 껴안은 태극처럼 음양으로 짝을 맺어 하나로 보았다. 모자라는 걸 보태고 채워주는 사랑, 모든 숨결이 나오고 또 나오고 끝이 없듯 이웃을 아끼라는 가르침 같다. 김굉필 님이 죽음 앞에서 보여준 몸짓이 이러할는지 모른다. 제 이름을 알리지 않고, 어버이를 기리려고 했단다. 목이 잘리면 수염도 잘린다고, 어버이한테서 받은 몸을 한 번만 건드리려고 수염을 입에 물고 마지막 숨을 맞았단다.

공자가 은행나무 곁에서 사람들을 가르칠 그늘을 마련하려고 심었다는 은행나무, 죽음 끝에 이어지는 숨결이 나무 곁에서 흐른다. 나는 은행나무가 뱉어 놓은 숨을 마시고 마음으로 이 기운을 데려온다. 내가 숨을 뱉어 은행나무로 보낸다. 숨을 쉴 적마다 우리는 만난다. 섞이고 나누는 사랑을 은행나무가 들려준다.

짜증이 사라지다

어제는 온통 먹구름으로 무겁고 까만 마음이더니 조금 갠다. 어제 큰딸한테 "영어를 모르네, 냄새가 나네." 같은 온갖소리를 들었다. 그저 지나가며 한 말이라지만, 좀 아니라고 느꼈다. 곁님이 "할머니한테 냄새가 나도 모두 냄새난다는 말은 안 하잖아." "그렇게 말하면 그때 바로잡아 주어야죠. 언니, 그러면 안 된다 하고, 당신도 따끔하게 말해야지." 때를 놓쳤지만 마침 딸이 뛰러 간 사이 우리끼리 흉을 보았다.

"나도 돈이 있어야 한다, 우리 사위한테 점수도 따야지." 하고 말한 탓인지, "자 용돈이다." 하면서 곁님이 돈을 준다. 얼씨구 좋다 싶어 싹 닦아 넣는다. 모아서 딴 통장에 넣으려고 아무도 모르는 자리에 치워두었다. 작은딸이 이제 안동으로 간다. 이 돈 십만 원을 꺼내서 주니 "엄마 돈 없잖아, 엄마 써." "그래도 받아." 끝내 안 받는다. 갸륵하고 고맙고 사랑스럽다. 이제 큰딸과 둘이 남는다. 작은딸을 역에 태워 주고 머리를 손질하고 오니 큰딸이 집에 왔다. 문을 여니 파스 냄새가 훅 난다. "웬 파스 냄새지." "아, 오늘 많이 뛰어서 다리에 뿌렸어. 냄새가 그렇게 많이 나?" "문 여니까 확 나는걸." "내가 문밖에서 뿌리고 들어왔는데 나네. 창문 열까?" 큰딸이 어쩐지 나긋나긋하다.

저도 어제는 말을 잘못한 줄 느낀 듯하다. 그럴 때면 작은딸한테 찰싹 달라붙더라. 이제 가고 없으니 나한테 부드럽게 말을 거는구나. 슬며시 웃음이 난다. 또 내가 애한테 넘어간다는 생각이 들었다. 다 큰 녀석이 귀엽게 군다. "꽈리 고추 갖고 왔는데 먹을래?" "응." 나는 어제 있던 일을 까마득히 잊어버렸다. "니 된장찌개 먹고 싶다더니, 저녁에 끓일까?" "그래, 엄마." "소고기 좀 넣을까?" "아니, 두부하고 파하고 버섯만 넣어서 끓여 줘." 마침 아침에 나물을 손질하고 실파, 표고버섯, 홍고추, 청양고추를 갖고 와서 씻어 놓는다. "몇 시에 저녁 먹을래?" "6시쯤 먹자." 된장 끓일 나물을 씻어 놓는다.

아까 우리끼리 있을 적에 한 말이 걸린다. "자는 기가 좀 죽어야 돼. 기운은 좋은데 너무 똑똑한 척하잖아." 하고 곁님 앞에서 한 말을 지우고 싶다. 우리 엄마 말처럼 앞으로 아이들한테 섭섭한 일이 자꾸 일어나는데, 이 일은 아무것도 아니라는데, 그래도 내가 손을 먼저 내밀고 품어야지.

 어서 짝을 만나 시집을 갔으면 싶지만, 내 마음대로 할 일이 아니다. 그나마 달리기에 푹 빠져서, 또 마음이 밝아서 좋다. 초등학교 다닐 적에는 달리기를 늘 꼴찌를 하던 아이인데, 요즘 하루에 육칠 킬로미터를 달린다. 사람 일은 알다가도 모른다. 삐쭉거리는 말이 제 짝을 만나고 제 아이를 낳으면 달라질지 모른다. 길들기도 하고, 철이 늦게 드는 마음이거니 여긴다. 이다음에 내가 사라질 때면 어쩌면 이 아이가 나를 더 떠올려 줄는지도 모른다. 그래, 내가 품어야지.

 동생이 떠나가고 어제까지 엄마 가슴 찌르는 말을 해서 하룻밤을 어떻게 같이 지낼까 하고 생각했다. 큰딸도 이런 생각을 했을까. 막상 둘이 있으면 귀엽고 참으로 똑똑한 아이인데 가끔 밖에 나가면 톡톡 침을 놓는 버릇은 고치라고 틈 봐서 말해야겠지. 그래. 자꾸 가르쳐야지. 내가 한 말을 바로 받아서 써먹지 않도록 나도 말을 삼가야지. 나이가 찼는데도 보는 대로 듣는 대로 따라하는 듯하다. 내가 더 글길이 나아져서 다시는 엄마한테 함부로 말하지 않게 더 애써야지. 밝게 웃고 말하니 짜증이 사라진다. 짜증이 발을 못 붙이도록 웃음을 불려야겠다. 된장을 끓인다. 큰딸은 꽈리고추를 볶고 표고버섯을 볶는다. 부엌에서 반찬을 하면서 어제일은 말끔히 씻는다.

들꽃

아침에 일어나니 들꽃이 무척 보고 싶었다. 달 끝물이라 짬이 될까, 서둔다. 여러 군데 돈을 보내고 손질도 빨리 끝냈다. 배가 살짝 고픈데 밥을 먹다 보면 마음이 바뀔 듯했다. 마침 곁님이 삶은 옥수수를 둘 준다. 커피하고 주스를 샀다.

며칠 앞서 걸이를 샀다. 물을 꽂으면 커피를 둘 곳이 없었다. 밑칸에는 물을 넣었다. 위에 종이와 붓을 담은 컵을 내리고 그 자리에 커피를 놓고 옆칸에 주스를 두고 전화기도 꽂는다. 라디오를 듣다가 성경을 듣는다. 걸이에 가로막혀 소리가 울리고 세다. 뒷칸에 옮기니 듣기가 가볍다. 곁님이 준 옥수수를 먹으면서 달린다.

몇 차례나 들머리를 지나가던 곳인데 한 바퀴 돌고 빠져나가는 길에서 엉뚱한 길로 나왔다. 내 생각에 바로 가야 하는데 파동 쪽으로 알린다. 잘못 들어선 줄 뒤늦게 알지만 어쩌지 못하고 그대로 간다. 마을 끝에서 길이 만난다. 그래도 신바람이 난다. 돌아가는 일이 내겐 안 낯설다. 혼자 가니 수다 떨 일도 없으니 저 멀리 마을도 잘 보인다. 우륵마을에 가 보지 않아도 누가 나무라는 사람도 없어 홀가분하게 달린다.

해를 안고 달린다. 햇살이 따갑다. 차 문짝에 둔 토시를 꺼내 낀다. 거치대에 둔 커피를 빨대 꽂아 마시고 놓으니 새롭다. 거치대가 있어 옆자리에 가방을 놓고 꺼내자면 부딪치지만 혼자 다닐 적에는 걸이가 아주 좋다. 달리다 생각나면 붓도 쉽게 집어들고 적을 수 있고, 커피를 고개 젖히고 마시다가 덜컹하면 흘리기도 하는데, 빨대를 꽂아 한 모금 마시고 놓고 쏟을 걱정이 없고 소꿉놀이하는 듯하다.

사십 분 달려 청도 읍성에 닿았다. 읍성 담에 담쟁이가 뻗어 푸릇푸릇하다. 연꽃이 철을 지나 잎이 마르고 떠나간 꽃자리가 썰렁하다. 담벼락 풀밭을 조금 밟다가 카페 뒷마당으로 들어간다. 돌담 너머에 감이 주렁주렁 달리고 보랏빛 맥문동하고 코스모스가 활짝 반긴다. 오솔길에 코스모스가 서로 마주 보며 길을 막아 틈을 지난다. 바닥에는 보랏빛 꽃이 길을 넘고 노란 국화도 피었다. 작은 장미꽃도 피고 낮 달맞이꽃도 피었다. 보랏빛 하얀빛 좀작살나무 열매가 푸짐하다. 빨갛고 보랏빛 꽃이 다발로 뭉쳐 피어 다른 나라에 온 듯하다.

앉는 자리에 뻗은 꽃이 앉았고, 금목서 꽃내음이 뜰에 가득하다. 바닷가에서 봄직한 채송화도 바닥을 메운다. 이렇게 많이 핀 뜰이로구나. 봄에도 이곳에 와 봤다. 그때도 이제도 꽃을 보니 가슴에서 절로 소리가 나온다. 어쩌면 다른 꽃이 들꽃처럼 피었을까. 꽃누리에 온 듯 하늘누리에 온 듯하다. 꽃을 보니 하루 시름이 절로 풀어지는구나. 꽃을 보니 기쁘네. 뜰 가득 꽃을 헤치고 몇 바퀴를 돈다.

해가 한창 뜨겁게 내리쬔다. 사람인 나도 숨이 턱턱 막히고 살갗이 타들어 가는 듯한 따가운 볕인데, 이 여리디여린 꽃잎이 견딘다. 햇볕을 먹어서 꽃잎을 활짝 열고 방긋 웃는다. 꽃은 웃고 오히려 그림자가 지쳐 길게 길바닥에 누웠다. 시집을 놓고 사진을 찍어도 시집에 눕는다. 시집 겉에 담긴 꽃을 만나는 듯하다. 토끼풀꽃처럼 생긴 보랏빛 꽃이 이 뜰에서 가장 신바람 난 듯하다. 꽃이 걸상을 차지하고 나는 뒤에 서서 바라본다.

조금 가깝다 싶으니, 말이 막 나오는 어제 내 모습을 보고 내가 나한테 무척 섭섭했다. 생김새도 크기도 내음도 다른 이 많은 꽃이 고요히 피었다. 따갑고 뜨거운 볕에도 웃기만 하는 꽃을 보며 어제 나를 돌아본다. 자주 꽃을 봐야겠다. 문득 튀어나오는 말씨에 그동안 마음을 다스린 일이 헛일이 되어버린다. 꽃이 보고 싶어서 가깝고도 멀리 달려오고, 꽃을 보고 좋아서 뜰을 돌고 돌고 얼굴이 익는다. 꽃이 어제 내 창피를 달래나 주는 듯 제 빛깔에 담은 내음을 내 얼굴에 뿜는 듯하다. 사람이 가꾼 꽃이지만 들꽃 같은 이 동산이 아주 좋다. 거친 마음을 꽃처럼 결을 다듬는다. 마음을 들뜨고 가볍게 하는 꽃이 한목소리로 나를 불러 다독여 주는 듯하다. 꽃은 이렇게 많이 피어 제 사랑을 내게 나누고 바람에 실어 보내는구나.

해바라기

꽃 가운데 가장 큰 꽃이 해바라기 같다. 낮에는 따가운 햇살을 받아도 해만 바라본다. 캄캄한 밤이 지나가고 아침이 되면 또 해를 보며 활짝 펼치고 하나같이 한쪽으로 꼿꼿이 섰다. 노란 해가 풀에 내려앉은 듯하다. 해바라기꽃이 노랗지 않고 빨갛다면 어떨까. 우리 마음을 사로 잡을까. 이 많은 해바라기꽃이 저를 보러 오라고 해를 보며 외치고 심부름하는 바람이 가슴팍에 문을 두드린다.

    멧골에 들에 저절로 피어난 꽃을 나는 좋아한다. 이쁘거나 못나거나 절로 자란 풀꽃이 곱다. 이 한 철 가꾸어 놓은 해바라기꽃 또한 곱다. 숨이 턱턱 막히고 팔이 따가운데 꽃잎은 싱싱하기만 하다. 잎으로 감싼 몸을 이제 막 펼치려는 꽃도 있고 한껏 어깨를 둥글게 펼친 꽃이 있다. 해를 좋아해서 둥근가. 햇살이 닿은 곱던 수술이 딱딱하게 씨앗으로 둥글게 가지런히 여문다. 가운데부터 둥글게 별을 그리고 차츰차츰 더 넓게 피다가 여문다. 나비가 꽃에 앉았다. 찾아 든 나비는 해바라기와 닮은 옷빛이다. 나무도 아닌 풀이 이렇게 높이 자라고 넓은 잎이 온 마음을 모아 꽃한테 잎손을 모은다.

꽃가루가 이파리에 쌓였다. 곁을 지나는 내 옷에도 노랗게 묻었다. 털어도 털리지 않는 꽃가루가 채로 친 듯 곱다. 맑은 밤하늘에 반짝이는 별빛이 내려오고 은빛 달님도 보면서 긴 밤을 보냈으랴. 바람을 따라온 사람 숨결을 마시며 풀벌레 노래에 새 노래를 들으며 아이들처럼 무럭무럭 자랄 테지.

배고픈 지난날에는 알알이 박힌 씨앗이 우리 입을 즐겁게 해주었다. 묵직한 씨앗이 여물어 무거우면 고개만 숙일 뿐 해를 바라볼 때와 고개를 숙일 때를 아는 해바라기도 생각이 다 있다고 느낀다. 사람만큼 자라 고개를 빼고 꼭 누굴 찾는 듯하다. 하나같이 한쪽으로 본다. 꽃잎으로 감싼 몸을 활짝 보이는 해바라기가 우리를 보는지 사람이 보러 왔는지, 우리는 이 꽃을 보며 기쁘고 내가 내쉰 즐겁던 숨이 해바라기가 마시고 단단히 여물어 간다.

오늘도 홀리듯 오기를 잘했다. 꽃이 내 마음을 톡톡 두드리고 나오고 싶어 할 때를 이제는 놓치고 싶지 않다. 한 열흘 머물다 간다지만 내 마음이 맞을 적에 들꽃을 찾아가기로 마음을 먹는다. 가을 단풍꽃이 피기까지 꽃이 부르면 걸음을 하고 싶다. 가을을 물들이고 떠나는 풀꽃 마음을, 꽃이 말하는 이야기를 올가을에는 제대로 듣고 싶다. 아니 받아쓰고 싶다.

먼지가 펄펄 나는 마른자리를 탓하지 않고 해님 하나만 믿고 따르면 바람이 돕고 구름이 돕고 하늘에 별과 달이 한마음으로 꽃을 낳는 이 놀라운 일을 본다. 해마다 보이고 사라진 듯 사라지지 않는 이 목숨처럼 먼저 떠난 것들 사이에서 태어나는 꽃이 하는 말을 듣는다. 땅에 뿌리를 내려 흙을 붙잡아 주고 버티어 준 새싹이 하늘을 믿고 줄기를 올리고 많은 잎을 불러 일해서 작은 씨앗을 남긴다. 한삶을 씨앗 하나에 꼬박 바치는 꽃이 흙에서 와서 흙으로 왔다가는 자취를 작은 씨앗에 다 담는다. 이름처럼 해를 가장 사랑하는 꽃이다.

수국 피다

아침에 나도 모르게 벌떡 일어나 밖마루(베란다)에 갔다. 드르륵 열고 수국을 본다. 큰 그릇에 옮기고 흙을 비꾸었다. 새싹이 올라오니 올해도 수국이 필 철이 다 지나갔다. 올해는 가지를 치고 야무지게 키우자고 생각한다.

우리 집에 진작 키우는 수국이 있기에, 얻어 온 수국을 나란히 심었다. 같이 놓으니 새로 싹이 올라온 수국은 잎이 탱글탱글한데, 옮겨심은 수국은 키는 크고 잎은 크지만 어쩐지 시들하다. 볼 적마다 물을 뿌렸다. 수국이 물을 좋아하니 자꾸 뿌려도 썩지는 않으리라 여겼다. 아침이고 저녁이고 시들해 보이면 물을 뿌린다.

어쩌면 그동안 꽃을 피우지 않더니 늦게 온 수국을 기다렸을까. 줄기 마디가 낮아 그릇에 턱이 닿는데 저보다 큰 수국 뿌리를 만난 뒤로는 잎이 하루가 다르게 자란다. 어제 봤을 적에도 이만큼 컸던가. 밤새 컸나. 작은잎이 자꾸 나네. 가까이서 작은 알갱이를 보니, 꽃망울이다. 뒤쪽을 보니 꽃망울에 잎이 겹으로 났다. 잎끝에서 발갛게 물든다. 이 가운데 꽃잎 같은 큰 잎 하나는 분홍빛이다. 아, 꽃이었다. 꽃이 피었다. "여보, 수국이 꽃이 피었어요." 나는 소리를 질렀다.

수국은 흙에 따라 꽃빛이 다르다는데, 무슨 꽃을 피울까 무척 궁금했다. 분홍빛 수국은 꽃말이 뭘까. 찾아보니 '참다운 사랑'이라고 한다. 아, 두 나무가 만났기에 피운 꽃이니, 수국 꽃빛은 꽃말을 알고서 피어난 듯했다. 그동안 수국이 꽃을 피우지 않은 까닭을 알 듯했다.

집안에 갇혀서 피우지 못했구나 싶다. 바람이 마음껏 오지 못했다. 새소리를 듣지 못했다. 달빛 별빛을 만나지 못해서 피우지 못했다는 생각이 들었다. 아침에 이 꽃을 보기 앞서 새똥을 먼저 보았다. 새똥이 벽을 타고 흘러내렸다. 귀퉁이 바닥에는 언제 똥이 쌓였지. 까치가 밤마다 쉬어가는구나. 누구네 집인지는 모르나 옆집 창살에도 똥이 있고 틈으로 아랫집을 보니 벽을 타고 새똥이 범벅이다. 새들 소리를 듣고 풀벌레 소리를 듣고 뿌리는 물소리도 들어야 얘들이 마음을 여는구나.

흙에 심어만 놓았다고 꽃이 저절로 피지는 않았다. 나와 몸이 다른 수국을 키우자면 바람이 밤낮없이 찾아와서 쓰다듬어야 했다. 좁은 그릇에 담긴 흙에서 뿌리가 말없이 햇살을 받고 달빛을 먹고 별빛을 머금을 적마다 잎이 좋아서 맞장구로 춤추었겠지. 뒤늦게 온 수국 잎그늘에 기대며 깨어났겠지. 참 오랜 잠에 들던 수국이 내 앞에 고개를 내밀고 바람을 함께 마신다. 밝은 빛으로 나오기까지 먼 길이었을 테지. 빛에 스민 사랑이 눈뜨게 했겠지. 우리 집에서 가을을 만나 바람마저 떨고 갈 내음과 해님이 눈이 멀 만큼 눈부신 꽃 피워 보렴. 나는 누구를 기쁘게 한 일이 있는가. 앞으로 있어야지. 네가 말하는 듯하다. 수국이 꽃을 피웠어. 꽃을 피웠어. 아, 꽃을 피우고 나를 불렀구나. 내가 벌떡 일어나게 한 수국 너였구나.

자리

이레를 해 달 불 물 나무 쇠 흙으로 얘기하는 언니가 있다. 나는 이 언니한테서 늘 배운다. 언니는 배움끈도 높고 무엇보다 살림새가 다르다. 내가 그다지 눈을 돌리지 않았고 앞으로 돌리고 싶은 매무새를 진작 갖추었다. 멋을 부리지는 않으나 우린 밑바탕에 깔린 삶자리가 다르다.

언니하고 그리 멀지 않는 청도에 갔다. 외진 골목으로 올라가니 집이 두 채 있다. 언덕에서 내려다보니 온통 푸르다. 하늘빛도 곱고 하얀 구름이 가만히 멈춘 들녘에는 벼가 노랗게 물들고 밭에는 사과가 발갛게 익고 감이 주렁주렁 달렸다. 복숭아나무는 잎이 가득 푸르다. 저 건너에는 무얼 태우는지 연기가 하늘에 닿는다.

잔디가 깔린 마당에서 사람들이 밥을 먹거나 차를 마신다.

이쪽 채로 들어오니 자리가 꽉 찼다. 두 사람씩 또는 여섯 사람씩 창가에 앉았다. 파스타를 시킨다. 내가 사려고 하는데, 언니가 산다. 차림판을 보고 "이렇게 비싸요?" 했더니, "아직 안 먹어 봤어?" 한다. 언니한테는 애들하고 딱 한 번 사 먹었다고 했는데, 다른 사람들과 몇 번 먹기는 했다. 가끔 토마토 스파게티를 사서 집에서 먹기도 했다. 언니가 알려주는 '미나리 스파게티'를 시키고 기다렸다. 땀을 흘리는 언니가 모자를 벗는데, 웃옷에 솔기가 보인다. "언니, 옷 솔기가 다 나왔네요? 뒤집어 입었어요?" 묻고는, 속으로 '언니가 참 바쁘게 나왔구나' 하고 생각했다. 언니가 화장실에 가서 옷을 바로 입을 동안 음식을 받아 놓고 어디에 앉을지 기다렸다.

마침 부부가 자리를 뜬다. 창가로 옮기고 가방도 옮겼다. 커다란 창이 그림틀이 되고 들녘은 한 폭 그림이다. 밥을 먹지 않아도 배가 부를 만큼 살가운 그림을 본다. 파스타도 온통 푸르다. 미나리가 향긋했다. 새우 꼬리를 뱉어 놓자, 언니는 "먹을 수 있으면 꼬리까지 먹으면 몸에 좋다"고 한다. 그 뒤로는 새우를 통째로 먹지만 꼬리가 껄끄럽다. 녹차 가루인가 싶더니 바질가루란다. 블루베리 크기로 잘라 놓은 알갱이가 궁금했다. "언니, 이거는 뭐예요?" "올리브잖아, 올리브 안 먹어 봤나?" "네, 처음 먹어 봐요" 처음 먹는다는 말에 언니가 또 "그동안 일만 하느라 못 먹어 봤구나" 한다. 접시를 싹싹 긁었다. 기름이 남았다.

이제 자리를 옮겨 찻집에 갔다. 언니가 "가방은 이것밖에 없나?" 묻는다. "이 가방이 좋아요. 손가방은 둘 있는데, 일 갈 적에는 이게 좋아요" 했다. 오늘은 갑자기 나오느라 옷을 갈아입을 틈이 없었다. 언니는 이름있는 가방을 든다. 옷도 값지다. 요즘은 경매로 비싼 그릇을 사 모은다고 한다. 이쁜 그릇에 밥을 먹고 '나를 헤아려' 아름답고 보기 좋게 살고자 한다고 얘기한다.

언니한테 나는 덜 어울리지 싶다. 나는 언니를 만나며 자리가 올라가는지 모른다. 언니 자리에서 보면 나를 만나 얻는 일보다 주는 일이 많다. 이런 것도 해보고 저런 것도 해보고 이쁜 것도 가지고 맛있는 것도 먹을 짬이 되면서 안 하고, 아니면 몰라서 안 하고, 어울릴 사람이 없어서 못 하는 일을 언니가 다 해준다. 답답하고 딱하게 볼는지 모른다.

그렇지만, 나한테는 내 자리가 있을 테지. 멋을 모르고, 이름난 가방을 모르고, 올리브를 몰라도, 틀림없이 내 자리가 있다. 나는 여행은 꼭 하고 싶다. 꾸미거나 값진 가방을 가지지 못해도 아무렇지 않다. 눈길을 틔우는 이웃마을을 보고 싶다. 마음을 열라고 부추기는 드넓은 바다하고 숲을 보고 싶다.

짜장면

 몸이 말한다. 생각이 움직인다. 어떤 말이 맞을지 모르나 둘을 몸으로 느낀다. 몸이 말할 적에는 생각이 꾸물할 틈 없이 날쌨다. 내가 하는 말이 아니라 내 안에서 자꾸 말하라고 떠밀리듯 했다. 내가 받아들일 틈도 없이 몸이 먼저 입 밖으로 내지만, 몸은 뭔가 눈치를 챘다.

 신을 신으면서 나도 모르게 "오늘은 자꾸만 짜장면이 먹고 싶지." 하고 뱉었다. 마침 볼일을 보고 나오는데 아는 분이 "버스 타는 데까지 좀 태워 줄 수 있어요?" 하고 묻는다. 차를 타고 "오늘 짜장면이 자꾸 먹고 싶어요. 괜찮으시면 우리 먹을래요?" 했더니 좋아한다. 차를 몰고 나왔다. 넓은 이층 창가에 앉았다. 햇살이 들어 따뜻하다. 창가에 닿을 듯한 나뭇잎이 노랗고 붉게 물을 들인다.

짜장면을 먹으러 왔으니 나는 짜장면을 시켰다. 나이가 여든이 훌쩍 넘으신 분은 곱빼기를 시킨다. 종지 그릇에 두 숟가락쯤 담긴 밥이 나왔다. "밥 나올 줄 알았으면 곱빼기 시키는 게 아닌데." 하신다. 나는 그릇을 싹 비웠다. 짜장면에 소고기가 들었대서 남기지 않고 다 먹었다. 어르신은 국수만 건져 먹는다. 나무젓가락이면 덜 미끄러울 텐데 건더기가 잘 뜨이질 않았다. 그릇을 비우고 창밖을 보는데 어르신이 자리에 없다. 밥을 먹다 말고 밥값을 내러 갔다. 내가 사려고 가자고 했는데. "다음에는 제가 밥 살게요. 밥 먹은 김에 차도 마셔요. 제가 살게요." 했다. 밖으로 나와 건널목 건너 찻집에 갔다.

며칠 앞서 마신 생강차는 뒤끝이 매워 목이 따끔했다. 오늘은 대추차를 마신다. 달고 짙은 물을 몸이 찾는가. 또 몸이 하는 말에 따랐다. 어르신인 임 선생님은 올해 나이가 여든일곱쯤 된다. 나이보다 젊어 보인다. 나한테 전화기 '용량'을 묻길래 '내 파일'을 찾아보니 다 찼다. 곧 사진도 안 찍힐 판이다. 휴지통을 지우고 카톡으로 받은 영상을 몇만 지웠는데도 15% 내려갔다. 다른 카톡도 '나가기' 안 하고 '설정'에서 '대화 내용 삭제하기'를 일러준다. 내가 알려준대로 몇 개 골라서 '삭제'를 하고 다시 자리를 넓힌다. 내 자리와 나란히 두고 보니 '문서, 오디오 파일, 이미지'가 많다. 단톡을 보여주는데 한참 찾는다. 딸아들

방, 딸방, 모임방 이렇게 셋이 흩어졌기에, 찾기 좋게 앞자리에 [단톡]이라 넣어 주고 위에 놓았다.

건널목을 건너는데 손을 꼭 잡고 아들딸 단톡방을 보여준다. "오늘 내 생일이라고 아들딸한테 축하받았지만, 그냥 집에 갔으면 섭섭할 낀데, 정화 샘이 밥 먹자 해서 얼마나 반갑던지. 안 그랬으면 많이 쓸쓸했지 싶어요." 한다. "서 샘, 임 샘이 오늘 생신이래요. 우리 진짜 짜장면 잘 먹었어요. 어쩐지 오늘따라 짜장면이 그렇게 먹고 싶더니, 생신이었대요." 나는 앞서가는 서 샘한테 큰 소리로 말했다.

뒤늦게 배우면서 참 젊게 사신다. 볼 적마다 다시 태어난 듯, 배우는 일이 사람을 새롭게 하는 줄 느낀다. 카톡 정리로 밥값을 더 했다고 좋아하시던 임 선생님. 다른 사람한테 '용량', 그러니까 '자리'를 내주듯 마음 씀씀이가 넉넉하다. 나이 많다며 물러나 앉는 아버지 같다. 아흔을 코앞에 바라본다지만, 나이가 많아도 배움과 깨끗한 마음은 어린아이나 어른이나 비슷한 듯하다. 몸은 이 마음을 알고 느닷없이 '짜장면'을 먹자고 했구나. 세 사람만 따로 밥 먹은 적도 없는데 말이다. 돌아보면 내 뜻과 다르게 알고 움직이는 바람 덩어리가 있거나 내 몸이 오롯이 느끼는지 모른다.

넷

온몸에 꽃이 가득 핀다

해뜨는 새벽

이레가 지나도록 절룩거린다. 발을 디디면 무릎이 기우뚱 쏠린다. 이대로 숲을 오르기엔 안 되겠고 숲은 가고 싶다. 930미터 감악산에 해돋이를 보러 간다. 차로 올라 가면 조금만 걸으면 된다. 새벽 네 시에 나섰다. 새해도 아닌데 해돋이를 보려고 차에서 자는 사람도 있다니 차가 밀리지 않게 서두른다.

    새벽길이 캄캄하다. 앞차 꽁무니 불빛하고 앞을 밝히는 불빛이 어둠을 뚫는다. 안개가 자욱하다. 달릴수록 바깥이 춥다. 7도이다. 여섯 시에 닿았다. 어둑하지만 맑은 하늘이다. 구름띠 너머 발간 빛이 살짝 비치니 곧 해가 솟아오를 듯하다. 차를 세우는 동안 구름띠가 곱게 물든다. 바다인지 산인지 헷갈리는 너머는 샛노란 빛이다. 바람이 찬데 놓치지 않으려고 빨리 걸었다. 무릎이 덜컹한다. 겨우 꼭대기에 올랐는데, 이곳이 아니란다. 돌계단을 내려와 숲으로 간다. 벌써 저만치 따라갈 걸음인데 오늘은 무릎이 말썽이다.

이러다가 해뜨기를 못 보겠다 싶어 마음이 탄다. "먼저 가서 사진 찍어요." 아무래도 오르기를 그만둘까. 섰다가 폭 쌓인 산을 뒤덮은 구름바다를 본다. 저 구름 밑에는 우리가 지나온 안개가 자욱할 테지. 더 빨리 걸어야 하는데 구름이나 구경한다. 곁님 팔에 꽉 잡고 기댄다. 높이 올라가면 탁 트일 듯한데 걸음을 멈춘다. 여기도 해맞이하는 곳이다. 수평선을 이루는 빛깔을 뚫고 하얀 해가 올라온다. 붉고 바알간 빛에 노란빛이 겹겹이 올라오는 해가 눈부시다. 저 멀리 저 작게 보이는 해가 뿜는 빛이 이렇게 세다니. 눈이 멀 듯하다. 까만해가 겹겹으로 보인다.

하얗게 뜨는 작은 해가 수평선처럼 긴 띠를 이룰까. 아침 구름옷을 곧 물들이는데, 구슬처럼 작게 보이는 해와 내가 선 자리가 얼마나 먼데 저렇게 눈부실까. 지나간 봄에도 멧골에 떠오르는 해를 보았지만 컸다. 해넘이처럼 붉었는데 더 높은 자리라서 그런가. 하얗게 빛난다. 떠오르면서 찬찬히 걷히는 반반한 아침노을은 어디로 갔을까. 밑으로 펼쳐 놓은 구름도 골짜기를 고르게 채우고 아침노을도 고르게 흐르는 일이 새삼스럽다.

자로 잰 듯 반듯한 아침노을, 구름에 올라서서 썰매를 타고 싶은 하양바다, 바람이 깨어나기에 앞서 그림을 그렸다가 천천히 가는 것들. 멈춘 풍력발전기 세 날개가 우두커니 구름바다를 뚫고 나온 꼭대기를 바라보는 듯하다. 밤을 밝히듯 달은 저쪽 하늘에 하얗게 있는데 날은 새고 해는 어느새 껑충 나온다. 이 넓은 하늘에 달랑 하나 떠서 풀꽃나무에 아침밥을 준다. 막 떠오르자마자 따뜻하다고 느낀다. 풀꽃이 아침이슬에 촉촉이 목을 축이고 해를 받으려고 한다. 저 멀리 해가 뭐라고 했길래 이슬은 사라지고 구름바다도 물러갈까. 자국을 남기지 않고 사라지는 구름바다는 또 만나자고 헤어지면서 말할까. 둥근 것들은 돌고, 당기고, 안개와 구름은 모였다 흩어지면서 우리한테 똑같은 말을 하루도 거르지 않고 보여줄까.

　힘차게 떠오르는 해를 보니 기운이 해처럼 솟는다. 저 불타는 해님이 참 많이 나누어 주네. 나도 이 기운을 몸으로 보내 다스려야지 싶다. 삐걱거리는 무릎이 자리를 바로 찾으면 곁님 말대로 자전거도 타야겠다.

개미취

 이틀 꽃구경을 했다. 햇살이 머리를 지날 무렵이라 얼굴이 익어도 꽃을 보는 일이 즐거웠다. 꽃구경하는 김에 꽃이 지면 아쉽지 않게 멧골 아닌 개미취 꽃밭으로 간다. 꽃이 마음을 빼앗아 간다기보다, 꽃을 보면 눈빛을 거쳐 온몸에 가슴에 허파에 꽃이 가득 핀다고 느낀다. 꽃이 질 적에 보기 흉하다고 여겨 멀리하려 했는데, 문득 눈을 돌리니 꽃이 가장 아름다울 때를 놓치겠구나 싶더라. 한 잎 두 잎 꽃망울을 품고 꽃송이 하나 피워내려고 줄기를 키우고 키워, 튼튼히 길을 낸 풀줄기가 마침내 꽃망울을 터뜨리려고 온힘을 쏟아낸 꽃바다가 보고 싶다. 쑥부쟁이 닮은 바위취꽃이 비탈진 자리를 아름다이 밝힌다.

 우리보다 먼저 온 줄이 길다. 나무 밑에 자리가 났다. 바로 앞에 보랏빛 꽃밭으로 들어간다. 어제 본 해바라기보다 이 꽃이 더 크다. 내 키를 훌쩍 넘어도 줄기가 꼿꼿하다. 사람이 낸 길을 따라 들어갔다. 깨금발을 디뎌도 꽃 너머 밭둑을 보아도 안 보인다. 이 좋은 꽃밭을 두고 저 건너 솔밭으로 간다. 아마 더 넓게 꽃바다가 있겠지. 해도 살짝 숨어서 우리를 보는가. 구름을 한 겹 가려놓았다.

솔밭으로 들어가니 꽃밭이 있다. 사람이 안 들어가는 꽃밭을 둘러보는 일이 재밌다. 그곳에서 꽃을 보는 사이 곁님은 절로 들어가는 돈을 낸다. 도토리묵을 준다는 말에 바로 공양간으로 갔다. 뜰에 사람들이 붐빈다. 웅덩이가 있는 너럭바위 뒤에 소나무 한 그루가 그림 같아서 사람들이 줄을 서서 찍는다. 이 맛있는 도토리묵을 먹었을까. 작은 접시에 네 조각씩 담긴 묵에 간장을 뿌려 먹는다. 배가 고프던 때라 한 접시 더 얻어먹는다. 시골에서 삭힌 간장맛이라 양념이 맛있다. 도토리묵도 떫지 않고 시골에서 손수 주워 쑨 묵이구나 싶다.

한쪽에는 개미취 꽃다발을 판다. 한 움큼씩 띠로 묶었다. 한 다발에 오천 원이다. 개미취에서 뜯은 나뭇잎을 말린 '취나물'도 판다. 이 많은 개미취 꽃밭을 가꾸려면 돈이 들겠지. 일어나 뜰을 걷는다. 늙은 개 한 마리가 누웠기에 다가가니 나무에서 도토리가 뚝 떨어진다. 잿빛 개 눈이 발갛다. 눈을 마주치자 살짝 돌리는 개한테, 이리 오라고 손짓을 하니 기지개를 켜고 나온다. 머리를 쓰다듬으려고 하는데 곁님이 만지지 말라고 한다. "다시 들어가, 갈게." 하고서 우리는 뒤쪽으로 올라갔다.

사람이 꽃밭에 폭 쌓였다. 얼굴만 동동 떠다닌다. 곁님이 시키는 대로 나도 꽃밭에 들어갔다. 곁님이 이젠 사진 찍는 솜씨가 늘었는걸. 뒷모습을 찍는 내 마음을 잘 읽고 짜증도 내지 않는다. 사람을 비켜 꽃밭을 들어갔다 나왔다 또 들어갔다 하는 동안 곁님 얼굴빛이 확 핀다. 나도 얼굴이 확 핀다. 꽃을 보면 마음이 이런가. 굳은 얼굴이 풀리니 입을 다물어도 낯빛은 웃는다. 꽃하고 노는 사이 꽃처럼 마음결이 따르는가. 잔뜩 본 꽃이 우리 얼굴에 그대로 스민 듯 우리 둘은 사진에서도 웃는다.

이 꽃이 무엇이길래 우리 얼굴을 확 바꾸는가. 안에서 흘러나오는 기쁨이 온 핏줄을 돌면서 다시 태어나라 하는가. 비록 바위취 내음이 없어 벌과 나비가 오지 않아도, 사람인 우리가 나비가 된 듯 꽃이 된 듯 손으로 스치고 옷자락에 닿고 우리 팔다리를 잡을 적마다, 꽃이 우리 몸에 제 마음을 불어넣는 듯하다. 이 꽃도 사람처럼 옷자락만 스쳐도 '인연'이란 말을 쓸까. 나는 이 꽃밭으로 걸음했으며 이 꽃은 우리가 오리라 훤히 아니, 꽃에 앞서 꼭 사람처럼 느낀다. 연보랏빛에 홀릴 만도 하다. 나는 사흘 동안 왜 꽃을 쫓아다녔을까. 숲에서 만나도 될 텐데, 그 꽃밭을 찾아가야만 그 꽃을 보는 일처럼 무엇이든 때를 놓치고 싶지 않아서일까. 어제는 해바라기 뒷모습을 생각하고, 오늘은 밍밍한 꽃을 생각한다.

나뭇잎

여름내 푸르던 나뭇잎이 울긋불긋 물들었다. 꽃처럼 나뭇잎도 며칠 확 물들고는 찬바람에 후드득 떨어진다. 떨켜는 잎을 놓아 버리고 나무에 가지가 앙상하다. 우러러보면 힘줄처럼 파란 하늘에 뻗었다. 떨어진 잎은 멀리 갈 생각이 없는지 바닥에 떨어져 차곡차곡 쌓인다. 갓 떨어진 잎이 빨갛고 노랗고 주황빛으로 물감을 바른 듯 곱다. 나는 몸을 구부리고 잎을 줍는다.

은행잎 다섯 왕버들잎 열쯤 주웠다. 너무 고와서 돌에 얹어 보았다. 햇빛에 두니 더 붉고 노랗다. 벌레가 갉아 먹은 잎도 끼우려고 종이에 싸서 가방에 넣어 집에 왔다. 두꺼운 책을 꺼내 끼우려고 꺼내니 낮에 보았던 나뭇잎이 아니다. 그 붉던 잎은 우중충한 나무빛을 띠고 노랗던 빛도 어디 가고 나무빛 금이 뚜렷하다. 가장 곱게 떨어져 숨결이 아직 붙었는데 내가 이 빛을 빼앗았다.

나뭇잎은 나무 밑에 떨어져 마른 몸으로 나무를 또 돌본다. 그 자리에 떨어져도 바람과 해를 받아 물을 깊이 들이는 틈일 텐데, 자리를 옮기니 빛을 잃었다. 단풍나뭇잎은 그 빛 그대로 있지만 아직 곱기만 한 촉촉한 잎이 그 자리를 떠나니 빛이 죽었다. 생생하던 나뭇잎을 내가 주워 오지 않았더라면 며칠은 고울 텐데, 말라도 이만큼 어둡지는 않을 텐데. 빛을 내가 앗아 버린 듯해서 잎에서 눈을 떼지 못했다. 나뭇잎을 잡고 빙글빙글 돌리고 냄새만 맡는다.

이 가녀린 나뭇잎이 뜨거운 여름 햇볕을 견디다니 비바람도 거뜬히 견디면서 바지런히 나무를 돕던 잎이 이제 나무가 떨구면서 준 빛일 텐데. 내가 그 짧은 빛을 훔쳐버렸다. 피고 지고 말없이 일을 마치고 떨어질 때를 아는 나뭇잎이 아닌가.

가지에 매달려 바람과 춤추고 일하다가 이제는 뿌리를 따뜻하게 덮고 풀벌레 보금자리가 되어 준다. 바람이 내려앉고 햇빛이 내려앉아 반짝거리며 흔들던 나뭇잎에 깃든 숨결은 또 어디로 갔을까. 바람처럼 살다가 땅에 살려고 곱게 물들일까. 나무가 물들였는지 가지가 물들였는지 잎은 말이 없다.

흙빛으로 바뀌어 버린 잎을 건들면 부서진다. 너무나 쉽게 흙으로 돌아간다. 흙은 쉬었다가 새싹으로 눈을 트고, 봄이 깨우면 햇빛을 쫓으며 거듭나는 그림을, 가을이면 나뭇잎이 움직이는 그림을 그린다. 떠날 때 가장 곱게 빛을 품고 가는 나뭇잎처럼 그날이 내 삶에 으뜸이 되는 날이면서, 또 다른 삶으로 건너가는 줄 나뭇잎을 보면서 새삼 느낀다.

다 다른 빛으로 다 다른 모습으로 숲에 깃든 나무, 나무로 우거진 숲이 우리를 보고 말한다. 가을이 남기는 가는 말을 귀로 본다. 잎새에 일던 바람은 그동안 어디에 갈까. 맴맴 돌면서 눈을 뜨라 할 테지.

매천시장

"거기 불났다고 TV에 난리 났는데 너 집은 괜않나?"
"어디에 불났대요?"
"모르는구나. 시장이라는데 불길이 어마해. 함 봐라."

손 언니 전화를 받고 TV를 켰다. '매천시장'이라는 글씨가 지나갔다. 누리글을 찾으니 불이 엄청나다. 곁님은 바쁜지 아직 모른다. 밤새 날벼락으로 뜬눈으로 보냈을 텐데, 우리가 가는 가게는 괜찮을까, 시장이 멈추면 어쩌지, 발을 동동거릴 사람보다 이 생각이 먼저 지나갔다.

사흘 뒤에 '시사'를 지낸다. 문중 살림을 이 사람이 맡기에 해마다 장을 보는데 오늘 미리 본다. 어제 불난 자리가 어떤지 궁금해서 나도 따라갔다. 시장이 워낙 커서 아무 일 없는 듯했다. 차가 빼곡하다. 비좁은 틈을 빠져나가는 사람도 많다. 우리는 8번과 52번 가게 앞에 차를 세우고 들어갔다.

바닥이 반질반질하고 넓다. 여기서 경매를 하고 한쪽으로 가게가 가득하다. 넓은 경매장 기둥과 기둥 사이로 맞은편을 보았다. 가게는 타다 만 살림이 뒤범벅이다. 가게마다 과일이 새까맣게 타다 말았다. '119'라는 간판을 걸어둔 바깥쪽 한 군데만 불에 그을리지 않았다. 불이 붙었던 지붕은 떨어지거나 너덜너덜하다. 달랑달랑 붙었고 뚫린 천장으로 뿌연 빛이 비스듬히 밝힌다.

노란 띠를 쳐 놓았다. 들어가지 못하게 사람이 막는다. 어쩌다 불이 났는지 알고 싶었다. 건너에 '과학수사'라고 적힌 하얀 옷을 입은 두 사람이 건너온다. 불타지 않은 이 넓은 자리에 사람이 많은데 사람들 목소리가 없다. 경매는 이미 끝났고 사람들은 물건을 옮기고 할 뿐 목소리가 나지 않는다. 한 아저씨한테 물었더니 "불난 사람한테 그게 할 말이냐"고 한다. 불이 난 쪽 사람은 속까지 타고, 이쪽 사람은 예전처럼 물건을 들이고 파니깐 물었다. 불이 죽은 자리는 끔찍하다. 뚫린 천장으로 빛줄기만 바닥을 어루만진다. 경매장이 너무 조용하다고 생각하고도 물었으니 부끄럽다.

탄내가 거의 나지 않았다. 다닥다닥 붙은 가게 지붕이 불에 잘 타는 물질 같은데 불을 빨리 끈 듯했다. 바람이 불길을 퍼뜨리더니 냄새는 빨리 걷어갔나. 우리가 산 감하고 사과하고 귤을 수레에 싣고 온 아저씨가 "가스가 터져서 불이 났다"는 말을 설핏 들었단다. 날이 추우니 가게마다 물건을 쌓아 놓고 쉬는 자리가 좁다. 자리에 전기를 깔거나 가스로 데울 철이다. 다닥다닥 붙으니 한 군데가 터지면 같이 붙는다. 까만 재를 보는 주인 마음은 어떨까. 받을 돈도 줄 돈도 다 타버려서 알 길이 없을 텐데. 막 나오는 과일을 잔뜩 들여 지게차에 쌓아 놓았을 텐데. 잃는 마음이 불이 남기고 간 자국에 고스란히 묻었다.

하늘은 아무 일 없듯이 먹구름 하나 없다. 기둥을 사이에 두고 타버린 자리와 안 탄 자리가 삶과 죽음을 보여주는 듯하고 천국과 지옥 같은 그림을 보여주는 듯하고 타는 일도 한때 사라지는 일도 한때 같다. 사람 기운으로 가득 찼던 가게도 숨빛이 멈춘다. 다 다른 모습으로 자라고 숨을 쉬었던 가게에 왔던 것들이 재라는 그림자로 매천시장에 얘기를 남긴다. 물이 불을 껐지만 뜨거운 불을 끈 물은 또 어느 곳에서 불씨를 남길까.

금지령

병원에 갔다. 어제 아침에는 가볍게 몇 발짝 걸었는데 찜질하고 난 뒤에는 한 걸음도 걷기 힘들었다. 걸레를 짜는 듯 틀려서 딛지를 못했다. 이러다 못 걸으면 어떡하나 앞이 캄캄했다. 나을 낌새가 없다. 쪼그리고 앉은 지 꼬박 세이레, 버티다 못해 찾았다.

막상 병원에 오니 한결 나아 잘 걷는다. 엘리베이터를 기다리다 서기 힘들어 계단으로 2층을 오른다. 아홉 시가 조금 넘는데 앉아 기다리는 사람을 어림잡으니, 백이 넘는다. 문 앞에 있는 간호사가 이것저것 묻는다. 내 차례가 되었다. 의사는 내가 간호사한테 말한 글을 읽는다.

"3년 만에 오셨네요."

"인대가 늘어났는지 아파 딛지를 못해요."

"인대가 문제가 아니라, 그때 젊어서 65세까지 쓰라고 했는데. 안 되면 임플란트 해야 해요."

"제가 산엘 좀 다녔어요."

"산에는 절대 가면 안 되고, 수영이나 자전거 타고 판판한 길 걷기하고 몸무게가 늘지 않도록 해요."

"수영을 하니 자꾸만 쥐가 나서 그만뒀어요."

"쥐가 나면 다른 동작을 하든가 해야지."

다른 몸짓을 하더라도 발차기는 어디든 들어가는데, 발차기하다 보면 쥐가 나는데. 차마 말을 다 하지 못했다. 의사는 내 발목을 악수하듯이 잡는다. 그리고 토닥토닥하며 사진을 찍고 보자고 한다. 의사를 보니 아파도 다 나은 느낌이다. 아래층으로 내려와서 두 군데서 사진을 여러 판 찍는다. 엎드려서 찍고 누워서 찍는다. 무릎 사이에 도톰한 베개를 끼우고 내 두 발을 잡는데 복사뼈가 눌려서 뼈가 으스러지는 줄 알았다. 젊은 남자가 힘이 무척 세다. 방을 옮겨 서서 찍는다. 아픈 쪽을 버티기가 힘들다. 남 아픈 줄도 모르고 새로 일하는 사람한테 이래저래 가르친다. 예전에 칼을 댄 뒤에도 서서 찍는 자리는 무척 힘들었다.

의사 목소리가 더 밝다. 그때와 견주니 관절염이 더 퍼지지는 않았단다. 앞으로 아프면 바로 오고 여섯 달마다 꾸준히 사진을 찍자고 한다. 인공관절을 안 하려면 이제는 의사 말을 들어야지. 꼭 들어야지. 내게 한 시술은 '논문'으로 쓰고 내가 '실험' 대상인 듯했다. 여섯 해가 지났지만, 더 나빠지지 않아 놀라운가. "성공한 셈이에요?" 물었더니 "그즈음은 아니고" 한다. 아픈 자리가 나으면 부쩍 늘어난 몸무게부터 줄여야지. 아니, 자전거 타기로 무릎 힘을 먼저 길러야지. 멧골을 못 가면 멧허리쯤은 돌아도 되겠지. 바닥을 깔던 마음이 쑥 올라온다.

　의사가 주사를 놓는다. 엄청 아프다. "선생님 덕분에 꿈이 자랐어요. 그새 책도 낸걸요." "그러면 오늘 갖고 왔어야지." "그러게요. 다음에 올 적에 시집하고 책 갖고 올게요." "시도 쓰는가 보지?" 거듭 말한다. 처음 뵈었을 적보다 머리가 제법 희끗하다. 늘 아픈 사람을 돌보느라 바쁘게 움직이는 일이고 빌딩이 올라가는 만큼 돈은 벌지만 한 사람으로서 삶에서 놓치는 일도 안 있겠나. 바짓자락을 내린다. 들어올 적 어둡던 마음과 다르게 다시 기운이 돈다. ㅂ에서 시 5편을 보내 달라고 하고, 시 네 편을 붓글씨로 쓴 글이 오고, '숲하루' 이름으로 새겨 준 전각도 왔다. 내 안이 기쁘니 기쁨이 굴러온다.

공해

어떤 모둠누리칸(단체 카톡방)에 몇 사람이 그림(이모티콘)을 올린다. 그런데 그곳에 올라온 글은 거의 안 본다. 나와 뚝 떨어진 이야기라 그런지 읽지는 않는데, 그렇다고 그곳에서 빠져나오지는 못하겠고, 빨간 숫자만 지우려고 열어본다. 모둠칸(단체방)은 어쩐지 새로운 '공해'라고 느낀다.

작은딸이 꽃잔치(결혼)를 열기에 모둠누리칸에 카톡을 보낸 일이 있다. 작은딸 꽃잔치를 기뻐해 주는 이야기를 처음 볼 적에는 반갑더니, 어느새 이것저것 파는 알림글을 나한테 아침저녁으로 몇씩 보내는 언니가 있다. 며칠 꾹 참았다. 읽어 보지 않고 알림숫자가 거슬려서 열어 보는데, 밤에 또 온다. 언니는 예전에 화장품을 하다가 이제는 몸에 좋다며 다른 것도 판다. 너무 달라붙듯 사라고 하니깐 싫다.

"언니, 내가 사야 할 적에 살 테니깐, 자꾸 보내지 마세요. 버거워요. 일하다가 알림소리가 나서 열어보기도 벅차요. 좀 봐주세요."

언니는 이 글월을 본 뒤로는 알림 카톡을 보내지 않는다. 마음이 좀 무겁지만, 말해야 하는 쪽이 나을 듯했다. 한쪽이 어떻게 버거운지 모를 수 있다. 어쩌다가 보내면 덜 할까 모르지만, 번거롭게 보내는 일은 그 언니 속만 드러난다.

카톡도 사람마다 다르다고 느낀다. 어떤 사람한테는 카톡으로 무엇을 알리려면 버릇없는 듯하다. 적어도 손전화 쪽글로는 보내야 할 때가 있다. 이제는 다들 손전화를 쓰지만, 카톡으로 보내면 모르거나 못 받는 분들이 있다. 카톡은 쉽게 보내고 쉽게 받는다고 하지만, 그만큼 무언가 없는 듯하다.

우리 큰오빠는 친형제 이야기를 알리는 카톡방으로 부르면 나가고 또 나가고 한다. 아마 이런 마음일까. 조금 다르지 싶어도, 큰오빠는 카톡 공해를 나보다 견디기 더 힘들어하는 듯싶다. 우리가 쓰는 하루에 자잘한 수다가 나쁘지는 않을 테지만, 이보다는 넌지시 알리고 작게 나누는 말 한마디가 한결 이바지하리라 본다. 조용히 있고 싶은 마음이랄까. 좀 더 참한 말을 하고 싶은 셈이랄까.

내 모둠누리칸을 헤아려 본다. 우리 집부터 친구나 글동무로 나눈 자리가 열세 곳이다. 나는 이 많은 곳에서 우리 집 자리만 마음놓고 쓴다. 열두 곳은 알림소리만 받는다. 한꺼번에 여럿이 알리기에 좋은 자리일 테지만 무엇을 그렇게 자주 자꾸 알려야 할까 모르겠다. 좀 느리더라도 손으로 종이에 글을 적어서 알릴 수 있을 텐데.

글손질 넉 걸음

새로 낼 책을 놓고서 이제 마지막 글손질이라고 여기고 넘겼는데, 더 손질한 글월이 왔다. 어느새 넉 벌이나 손질하는 글이다. 책 하나를 내는데 이렇게 또 손질하고 더 손질하고 자꾸 손질을 해야 하나?

넉 벌째 손질한 글을 쭉 살피는데, 묶음표에 붙인 뜻이 틀렸다. 어머니 시골말인 '짜들다'는 '쪼들리다'가 아닌 '깨지다'이다. 어릴 적에 듣고 쓰던 사투리를 글에 그냥 썼는데, 다른 고장에서는 우리 어머니 사투리를 다르게 읽을 수 있구나. 미처 몰랐다. 이다음에는 먼저 묶음표에 서울말씨를 넣어야겠다.

더 손질해서 보내온 꾸러미를 새로 읽을 적마다 덜컹거리는 대목이 눈에 띈다. 막판에 더 붙이다가는 자칫 틀린 글씨를 바로잡지 못한 채 나올 수 있다고 한다. 그래도 더 손볼 데라든지, 보태야 할 곳을 차근차근 적어 놓는다. 일을 다 마치고서 출판사로 보낸다. 이다음에 다른 책을 내놓을 적에는 글을 더 살펴서, 앞뒤로 이야기가 부드럽게 이어지는지 제대로 추스르고 써야겠다. 그나저나 이 책이 곧 나오면 내 삶이 발가벗을 듯해서 이만저만 마음이 무겁지 않다. 이렇게 나를 다 드러내도 될까 콩닥이는데, 곁님이 전화를 한다.

"일요일에 뭐 하노?"

"엄마 집에 가야제."

"몇 시에 어디서 잔치를 하노?"

"식당은 말 안 했어. 집에서 이힘까지 먹고 갈 듯한데."

"그럼 난 못 가겠네. 니 혼자 가야겠네. 그런데, 덕이가 방 기한이 끝나서 전셋집 얻은 게 아니라는데, 니는 말을 그렇게 하노?"

"내가 글을 쓰는 사람인데 거짓말을 하겠나. 내가 하지도 않은 말을 옮기나. 내한테는 그랬거든. 내가 걔한테 다시 물어볼게."

조금 뿔이 난다. 끊어버렸다. 나는 온통 책 낼 걱정인데, 딸내미 일을 들먹이며 내 마음을 엉망으로 무너트린다. 글을 쓰려고 하다가 멈춘다. 책을 펼쳐 보다가 덮는다. 마음이 뒤숭숭하고 가슴도 뛴다. 몇 사람이 마음을 다해 곧 태어날 책에 좋은 기운만 일어나길 바랐다. 이대로 있다가는 마음이 더 날뛰겠다 싶어 집안 가득 밀린 쓰레기를 치운다.

묵은 김치통에 조금씩 남은 반찬을 버린다. 물러버린 나물을 모은다. 귤껍질하고 감껍질 사과껍질을 밥찌꺼기와 모았다. 종이와 비닐을 따로 모아 수레를 끌고 나갔다. 바퀴가 굴러가는 소리가 시끄럽다. 이 소리가 저 꼭대기로 올라가는 데도 마음이 조마조마하다. 자루마다 든 쓰레기를 나누고 밥찌꺼기를 버리고 나니 한결 가볍다. 쓰레기를 모으고 버리러 가고 버리는 동안 걱정도 잊고 뾰족한 말도 잊는다.

이제 책을 펼친다. 다시 마음이 뜬다. 누리글(메일)을 뒤적이는데 그동안 안 열어본 누리글이 거슬린다. 지우고 또 지운다. 아는 분하고 주고받은 글월을 남긴다. 책을 내느라 출판사하고 주고받은 글월도 남긴다. 나머지는 모두 지웠다. 한 시간 걸렸다. 누리글 휴지통도 싹 비웠다. 홀가분하다.

내가 오늘 무엇을 하면서 어떤 마음인지도 모르는 곁님이 일을 마치고 왔다. 아까 전화로 심술궂게 말할 때와 다르게 웃는 얼굴이다. 웃는 얼굴을 보고 잠이 들었지만, 아직 뒤척인다. 아침에서야 겨우 눈을 붙였는데 아홉 시가 넘었다.

"오늘 왜 그리 늦잠 자나?" "머리가 울렁거려. 속도 울렁거려. 토할 듯해." "병원 가 봐라." "병주고 약 주나. 난 책 때문에 온 마음이 쓰이는데, 걱정 없이 나올 때까지 조용히 지내기로 해."

날카로운 마음이 온몸으로 드러내는 나를 한두 번 본 일이 아니라, 대꾸가 없다. 미안하긴 한가. 안 좋은 소리를 잊기에는 청소가 으뜸이네. 게으름 피우듯 미뤄 둔 쓰레기를 싹 치우고 나니 집안도 훤하고 그릇을 씻으니, 마음이 개운하다. 지울 누리글과 남길 누리글을 마음 바짝 차리며 지우는 사이에, 내가 무엇 때문에 언짢았는지 잊는다. 훌훌 털어내려는 발버둥이다.

기차 탔네

기차를 탔다. 1호차이다. 타고 내리기 쉬운 가운데쯤 맡으면 좋았을걸. 차표 끊는 일이 서툴러서, 알림창에 뜨는 대로 끊었더니, 처음과 끝이다. 서울길은 첫머리에 가까운 1호차이고, 대구길은 맨 끝이다. 쭉 뻗은 곧은 줄에 처음이고 끝이 따로 있을까, 뾰족한 기차 머리를 앞과 뒤에 마주 잇대어 이쪽저쪽 한 줄만 타는 기차이다.

같이 나온 곁님은 시골로 배추를 가지러 간다. 가는 길에 배웅받는다. 무척 바라던 일인데, 이런 날도 있네. 이른아침에 어디로 가는 사람들일까. 타는곳에 일찍 나왔더니 한 대가 지나간다. 한쪽은 앞을 보는 자리이고, 한쪽은 뒤로 보는 자리이다. 기차도 자리처럼 맞물고 휙 지나간다.

하늘빛이 온통 뿌옇다. 달리는 기차에서 바라보는 숲은 가을이 깊다. 바깥 그림은 가만히 있는데 달리는 기차를 타니 누가 누구를 보는지 모르겠다. 살림집에서 작은 창으로 보는 사람도 있을 텐데, 여기서는 창문을 보지 못해도 가만히 있는 곳에서는 달리는 기차를 더 잘 볼 테지. 가까운 그림은 스치고 멀리 있는 집은 천천히 스친다. 더 멀리 있는 숲은 오래도록 그 자리에 있다. 오래 산 숲은 다르네. 흙이 쉬어야 할 때 하얀 비닐로 뒤덮은 밭을 본다. 겨울에도 일하는 흙은 어떤 마음일까.

굴을 지난다. 귀를 찌르는 듯하다. 밝은 자리를 슥 지나면 어두운 굴에 또 들어서고, 끝없을 듯한 캄캄한 굴에서는 눈을 감는다. 이 어두운 굴처럼 어디론가 가고, 눈뜨면 굴 밖처럼 환하다가 안개 같은 굴을 지난다. 밝고 어두운 겨끔나기 삶을 말하고 싶은 기차일까. 스치며 지나온 일이 아쉽다고 말하려나. 산을 뚫고 달리는 기차처럼 무엇이든 뚫고 가야 한다고 말하는지 모른다. 빨리 닿는 만큼 스치고 짓누르고, 어느 자리에 오르자면 그저 앞만 봐야 하는지 모르고. 어둠을 빠져나오면 하늘과 땅으로 다시 태어나는 삶과 죽음을 철길에 쓰는 셈인가.

늘 높은 길에서 달리며 훤히 둘러보는 기차는 빠르고 길다. 내 몸을 실어 옮겨주는 이 자리가 하늘로 가는 듯하다. 내가 아직 가 보지 못한 곳에 자꾸 데려다준다. 아침 연기가 하늘로 오르다가 길을 돌린다. 옆으로 흩어져도 바람을 타겠지. 마음대로 탔지만 달리는 건 기차 마음이네. 기차처럼 빨리 지나간 내 삶에 조각을 줍기도 앞서, 어디가 어제이고 오늘이고 모레인지 모르겠다. 이제 하얀 구름이 걷히고 파란 하늘이 열린다. 이제 기차는 대전역을 지난다.

    눈 좀 붙여야지 싶은데 기차는 말을 멈추지 않는다. 길이라고는 자갈길 쇳덩어리뿐, 가장 무거운 것들이 모여 달리는 길, 바퀴 소리를 견디며 끼리끼리 품는다. 쇠마디 가락인지, 우는 바람인지. 기차는 두 목숨을 걸고 달린다. 갈 적에는 첫 칸을 탔다가 돌아갈 적에는 마지막 칸, 해 뜨면 첫 칸이 되고, 한 칸 두 칸 이어진 고리, 기차와 나는 비껴가지 못하는 삶.

남동생

금값이 스무 해 앞서보다 여섯 곱이나 올랐다. 막내네 두 아이가 돌인데 반지 하나 못 받았다실래 흰 돈 장만했다. 둘을 한꺼번에 치르자니 짐이 크지만 우리는 따로 이십만 원 더 넣는다. 하룻밤 묵을지도 몰라서 짐을 챙겼더니 가방이 무겁다. 그만 긴 끈이 뚝 떨어진다. 손잡이를 팔에 걸고 들기로 하고 서울로 가는 기차에 몸을 싣는다.

거꾸로 보는 자리에 앉는다. 앞으로 달리는데 뒤로 지나가는 모습을 본다. 도심을 빠져나가는 동안 천천히 달리지만 빠르다. 붉게 물든 담쟁이가 타고 올라간 높다란 담벼락을 본다. 캄캄한 굴을 지나는가 싶더니 호수가 나온다. 가까운 나무보다 멀리 있는 가을물이 든 나무가 잘 보인다. 칸칸이 물고 달리는 기차는 아늑한 쉼터 같다. 창밖을 보는 사람은 적다. 다들 고단한 몸을 쉬는 듯하다. 바퀴가 빠르게 굴러가는 쇠소리와 덜커덩 흔들리는 소리에 이따금 귀가 먹먹하다. 동생을 만나러 가는 길이다.

기차가 가운데 달리고 해와 달은 마주한다. 두 시간 달리는 기차에서 책을 읽으려 했는데, 길을 나서다가 가방끈이 떨어지는 바람에 책을 빼놓고 나왔다. 쪽잠을 자다가 멍을 때린다. 서울길이 멀다고 여겼는데 어느새 서울에 닿는다. 바로 밑 동생이 이 기차에 탔을까, 쪽글을 넣어 보니 동생은 9호 차에 있다. 나는 15차에 있었다. 덜컹거리는 칸을 건너간다. 어두운 옷차림이 많고 다들 입가리개를 하고 앉았으니 알아보기 쉽지 않다. 동생은 불러도 못 들었는지, 아무 대답이 없어 지나갔다. 좌석번호를 묻고 다시 돌아오니 조금 앞서 내가 물어본 사람이 동생이다. 둘은 한 칸 건너 빈자리에 같이 앉는다. 서울길에 나란히 앉으니 이제서야 마음이 놓인다.

동생을 놓칠세라 팔짱을 낀다. 우리 남매가 이렇게 살가웠던가. 너무나 살갑게 팔짱을 끼고서, 마치 길을 모르는 아이처럼 동생을 꼭 붙잡고 간다. 혼자 왔더라면 내려서 나가는 길이며 지하철 타는 일이 서툴러서 헤맸을지 모르는데, 마침 같은 기차를 타서 기뻤다. 우리가 오는 줄 아는 둘째 오빠는 갑자기 못 온다. 일이 늦고 깐깐한 사장이 눈을 부라린다며 틈을 내지 못한다. 안 그러면 올 사람인데.

　인천 가는 지하철을 탄다. 갈아타야 할 때까지 동생은 인천 가는 길을 알려준다. 버스를 타고 가는 일보다 서울로 와서 지하철을 타는 일이 시간이 적게 들고 덜 힘들지 싶다. 버스를 타면 멀미가 나고 일을 본 뒤 돌아오는 차도 없지만, 서울로 전철을 타고 돌아오면 시간마다 대구로 가는 기차가 있다. 동생은 꼭 오빠처럼 가르쳐 준다. 누나인 내가 처음 서울역에 왔다는 말에 웃기도 한다. 처음은 아닌 듯하지만, 예전엔 온 듯도 하지만, 처음인 듯도 하고 나도 모르겠다.

　막내네 집 앞에서 살짝 쉰다. 많이 걷는 길이 아닌데, 예전에 삔 무릎이 또 찔끔한다. 동생이 내 가방도 들어준다. 다시 팔짱을 끼고 걷는다. 어린 날 아버지 물을 심부름하고 서로 앞서려고 옷을 잡아당기던 일이 떠올랐다. 우리가 어느덧 쉰을 넘어가지만, 마음은 어린 날 모습 그대로 같다. 머리가 허옇게 세고 나이만 들 뿐이지, 마음은 맑게 뛰놀던 어린 날처럼 동생은 낯선 길을 오빠처럼 길라잡이 한다.

　세 살 터울인 동생과 팔짱을 끼고 걷는데 남들은 우리가 남매인 줄 알까. 밖에서 만난 사람인 줄 알거나, 부부로 보거나 딴 눈으로 볼지 모른다. 그러거나 말거나 동생 어깨에 떨어진 비듬을 툭툭 털어 준다. 어린 날 다투기도 많이 했지만, 수학여행

가는 날에는 둘이 손잡고 다니던 일이 떠오른다.

    이제는 서로 집안을 꾸리고 바쁘게 살다 보니 멀어졌지 싶다. 가까이서 살갑게 팔짱을 끼고 막내네 가는 길이, 또 돌아오는 길이 즐거웠다. 홀가분하게 오빠와 두 동생과 함께 나들이도 하면 참 좋겠다. 오늘 동생 모습이 참하면서 새롭다. 어린 날에 티격태격하며 지낸 일이 다 녹고 이렇게 살갑다니. 오래오래 이렇게 서로 챙겨 주며 지내기를 마음속으로 빈다.

흰김치

시골에서 배추를 잔뜩 갖고 왔다. 요즘은 예전하고 달라서 이웃한테 좀 팔까 싶어도 팔리지 않는다. 싱싱할 적에 김치를 담그면 좋겠지만, 올해 나는 김치 안 한다. 엄마가 한 통 담아 놨고 묵은김치도 아직 있다. 곁님은 어디서 봤는지 물김치를 담그는 길을 적어 왔다.

바구니에 물김치에 들어갈 마늘이며 양파, 쪽파, 양배추, 생강, 배, 사과, 무, 배추를 담아 왔다. 믹서기가 가게에 있어 김치물에 넣을 것을 다시 담는다. 나는 시키는 대로 마늘과 생강 홍고추를 넣어 갈고, 미나리와 실파를 총총 썰어 놓았다.

가게서 소금물에 배추를 절여 물을 빼서 갖고 왔다. 가게 문을 거의 밤 12시에 닫는데, 졸음을 참고 기다렸다가 둘이서 담근다. 큰 그릇에 내가 갈아 놓은 양념을 붓고, 채 썰어 놓은 무를 넣어 버무리고, 배추이파리에 집어넣고 김치통에 차곡차곡 담았다. 그리고 무를 통으로 썰어서 넣고 곁님이 마련해 온 양념물을 붓고 밖에 두었다.

아침에 한 포기 꺼내 주니 잘 먹는다. 국물이 좀 짜서 생무를 썰어 넣었다. 그리고 한 포기 담아 가게에 갖고 갔다. 우리 곁님은 짜면 먹지 않는 사람인데, 스스로 우려낸 국물이라 그런지 짜도 잘 먹는다. 내가 하다가 이렇게 짜면 아마도, 먹었을까? 안 먹었겠지?

배추를 자르고 씻고 꼬박 한나절이 걸렸다. 배추 세 포기를 담가 보니 곁님은 이제 빨간김치를 담그겠다고 한다. 집에서는 김치 먹을 일이 적지만 두 끼를 가게서 밥을 먹어야 하니깐, 좋아서 담근 김치는 잘 먹지 싶다.

곧 딸이 결혼하는데 사위가 오면 주고 싶은가. 보기보다 곁님은 집안일을 참 잘 한다. 아는 다른 사람들은 아내가 집안일 다 하다가 아파서 병원에 있으니, 밥을 할 줄 모르고 빨래를 돌릴 줄 몰라 쩔쩔맨다. 집안일을 손 하나 까딱하지 않았을 적에는 좋았겠지만, 앞으로 그동안 안 해본 집안일을 배워서 해야 할지도 모르는 일에서는 누구든 벗어나지 못한다.

이런 쪽으로 본다면, 우리 집은 내가 없어도 굶지 않을 사람이다. 운동한 옷은 가게서 빨지, 밥해 먹지, 연장 잘 다루지.

아쉬울 일이 하나도 없다. 가게에 한 사람을 들이지 않은 뒤로 오히려 이 한 가지 일에서 벗어났다.

 이제 눈칫밥을 덜 먹고, 나도 책을 읽을 짬을 낸다. 책을 두 판이나 엮고 나니 내 일손을 덜어준다. 한집안에서도 어떤 열매가 나오면 마주하는 일이 다르듯이 글판에 이름이 나면 얼마나 많은 사람이 모셔 주려나. 이제 마음 놓고 책을 읽으면 나도 쑥쑥 들어온 만큼 글길을 틀지 모른다. 옷을 다 벗은 듯한 글을 냈으니, 이제는 한 겹 두 겹 새옷을 입는 글을 쓰면서 나아지는 길을 가고 싶다. 내 마음에 조그맣게 물결치는 일을 넘어서고, 둘레를 헤아리고 더 나아가는 글을 써서 메날라가는 마음을 촉촉하게 적시고 싶다. 풀꽃나무 이야기부터 작은삶길에 이어, 앞으로 쓸 새빛을 그려 본다.

눈떨림

눈이 떨린다. 바른쪽보다 왼쪽이 좀 들어가고 눈꺼풀이 처져도 떨리지는 않았는데, 팔딱팔딱 떨리다가 멈추기를 사흘째 한다. 일이 한꺼번에 몰려서 그런가. 작은딸 잔치(결혼식)도 이제 이틀 남았고, 내 새로운 책이 곧 나온단다. 쐿는데 숨 쉬는 길이 쏴하다. 이대로 멎을 듯 어질하다. 내가 많이 떠는구나.

날이 겹치거나 다른 일로 못 온다는 사람이 많다. 꽃돈(축의금)이 들어오니 몸 둘 바를 모르겠다. 일을 치른 뒤 쪽글을 보낼 생각이지만, 그래도 바로 쪽글을 보낸다. 어쩐지 미안하고 고맙다. 이렇게 받아도 되나, 마음이 답답했다.

그제는 잔칫날 주례로 나눌 말 때문에 아빠와 딸 사이에 앙금이 생기느라, 두 마음을 풀어주느라 쩔쩔맸다. 그래, 내 큰일도 있는데 안이 시끄러울 적에는 밖으로 나가지 말지 싶어 하루는 모임에 나가지 않았다. 잘 나가던 내가 "바빠서 못 가요." 한마디 했는데 "삐침인가?" 하고 묻는다. 뭔가 했더니, 그동안 잊고 지내던, 내가 어떤 상을 못 받았대서 그 모임에 안 오는 줄 알았는가 보다. 아니, 그런 흐름으로 몰아간다.

간밤에 집안에서 터진 일을 말해야겠구나 싶어 이 얘기 저 얘기를 늘어놓았다. 청첩장을 돌린 지 좀 되어서 차라리 잊어버리면 좋겠다 싶었는데, 또 어떻게 하다 보니 초대장을 다시 돌렸다. 안 보내겠다는 걸 보내긴 했지만, 얼마나 짐이 될까. 이 생각 저 생각에 골이 자꾸 앓는다.

이미 지나간 일이지만 우리 딸도 이만저만 골치가 안 아플까. 마침 시골에 계신 어른이 돈을 보냈다. 딸아이가 꽃나들이(신혼여행)를 떠날 적에 주라고 하신다.

"할아버지가 준 돈 어디로 넣어 줄까? 청첩장에 적힌 은행으로 넣을까?"

"아니, 씻고서 다른 계좌 알려줄게."

"알았대이, 좋지?"

"오오, 대박. 감사합니당!"

할아버지가 백만 원 주는데, 우리는 그보다는 더 줘야 안 되겠나 싶어 삼백만 원을 보냈다. 폐백을 하면 좀 모을 텐데, 우리는 모두 없앤다. 선물값이라고 주긴 했지만, 앞으로 주머니가 따로 있으면 낫지 싶어 보탠다. 여기에 다른 여러 일까지 몰려서 마음 쓰느라 딸은 얼굴에 물집이 돋아 주사까지 맞았다.

아직 돌림앓이가 한창이고, 나라가 시끄러워 기차마저 다니지 않고 바람이 차서 못 온다는 사람이 는다. 무엇이 걱정인지 꿈을 또 꾼다. 한복 저고리만 오고 치마가 안 왔다. 이제 하룻밤 자면 한복을 찾아온다. 차림새를 꾸며줄 사람과 집으로 올 날을 잡는다. 잔치로 끈끈하기도 하고 어정쩡하기도 하다. 아등바등 살면서 할 때와 다르게 받는 사람 마음을 이제야 헤아린다. 굳이 크게 알리지 말고 두 집안이 모여 작게 하면 걱정도 작아 눈떨림이 오지 않았겠지. 이제 이틀 더 버티자.

드디어 책이 왔다

 책이 온다는 쪽글을 받고 책맞이를 한다. 책 낼 적에 살피고 모아둔 종이를 버리고 책상을 닦았다. 책상 밑도 물걸레로 닦고 책꽂이에 올려둘 자리에 쌓인 먼지도 닦는다. 두 시가 훌쩍 넘자 문을 열어봤다. 네 시가 되자 또 열어보았다. 아저씨한테 전화하니, 삼십 분이나 한 시간 더 걸린단다. 어제 새벽에는 ㅎ신문에 새책 알림글이 뜬다고 잠 설치면서 보고, 보고 나니 누리책집(인터넷서점)에 책이 안 떴다. 뜨기까지 얼마나 더디게 가는지, 이제는 책이 오는데 하루가 길다.

 상자를 뜯어 책을 꺼냈다. 막상 펼치려니 또 떨렸다. 가슴에 꼭 안았다. 오돌토돌한 겉표지를 손으로 쓰다듬었다. 냄새도 맡았다. 가운데 적힌 책이름을 만지니 도톰하다. 먹빛으로 살짝 솟은 글씨가 있으니, 결이 살고 겉그림도 겉종이도 나무를 만지는 듯하다.

우리 집 수국이 새로 꽃을 피웠다. 자그마하지만 벌써 네 송이째. 책을 가까이 놓고 찍었다. 아스파라거스가 푸르게 수북하게 자란 잎을 당기고 봄부터 한 해 내내 꽃을 피우는 작은 보랏빛 꽃줄기를 당겨 책이랑 또 찍었다. 해가 넘어가느라 어둡다. 밝은 날 다시 꽃이랑 풀잎을 얹어야지. 다시 책을 쌓고 이리저리 틀면서 담아 본다. 그런데 책 하나는 시커멓다. 걸레로 닦다가 보니 끝종이가 밀린다. 이 책은 내게 주어야지. 나는 첫 장을 펼쳐서 '숲하루 작가님께'라 적고, '2022 가을 숲하루(김정화) 드림'이라 적은 뒤 도장을 찍었다. 시집도 내게 가장 먼저 주었다.

새로 낸 책 《풀꽃나무하고 놀던 나날》은 시집하고 비슷한 크기이다. 시집이 조금 좁고 높다. 글씨는 시집에 적힌 글씨보다 작다. 미리 여러 벌 되읽으며 손질했기에 책이 낯설지는 않다. 여는말을 읽고 뒤쪽을 넘겼다.

이제는 책을 냈다는 발간통보서와 책을 세 권을 보내야 한다. 꼭 책을 드려야 할 사람을 죽 적어 본다. 봉투에 주소를 먼저 적고 책에 이름을 적는다. 도장도 찍는다. 도장을 찍고 덮으니 도장밥이 발갛게 얼룩이 지네. 그래서 예전 책에는 도장을 찍은 자리에 기름종이를 덧대었구나. 얼룩지지 않게 쪽종이를 덧대고 뽀뽀이가 들어간 봉투에 담아 한자리에 모았다.

책을 줄 사람이 꽤 되지만 모두한테 줄 수 없다. 시집을 처음 내놓을 적에는 이 사람 저 사람한테 보냈지만, 이 책은 둘레에 "사서 읽어 주세요" 하고 여쭈어야겠다고 생각한다. 나도 내가 읽을 책은 사서 읽지 않는가. 서로 책을 주고받아도 좋으나, 서로 즐겁게 사서 즐겁게 읽을 적에 서로한테 이바지하고, 앞으로 새로 쓸 이야기를 담아낼 책한테도 낫겠지.

앞으로 누가 내 책을 사서 읽어 줄까. 내 책을 사서 읽어 주는 분들은 내 책에서 무엇을 얻고 누리고 받고 찾으려나. 날마다 숱하게 쏟아지는 책물결이라는데, 내 작은 《풀꽃》 책은 너른 책바다에서 잘 헤엄칠 수 있을까 궁금하다. 책으로 묶은 글을 쓰는 동안 스스로 마음을 씻고서 어린 나날로 돌아가는 하루를 보냈다. 어릴 적 숲에서 살아간 하루가 어른인 오늘을 살림하는 바탕이 되었다.

대구에도 부산에도 서울에도 사람들이 참 많은데, 이 많은 사람들은 처음부터 대구나 부산이나 서울에서 태어나지 않았으리라. 나처럼 멧골에서 나고 자란 사람도 많으리라. 도시에서 살아가는 모두를 버티는 힘은 어쩌면 작은 풀꽃이 피어나고 나무가 서로 어깨동무하는 숲빛일 수 있다고 본다.

(다섯)

마음을 쏟는 일이 있어야 삶이 빛난다

딸이 온다고

이틀 뒤에 작은딸네가 온다. 짝을 맺으니 사위가 덤으로 따라온다. "장모님!" 하고 부르는 말이 처음에는 낯설다가 이제는 살갑다. 처음 인사 왔을 적에는 목소리에 꽤 힘이 들어갔다. 이제는 부드러운데 저도 나처럼 낯설 테지. 그나저나 무얼 해야 하나. 그제는 둘이 덮을 이불을 빨고 어제는 화장실 구석구석 씻고 오늘은 떡을 맞추고 고깃집에 갔다. 서로 아무것도 안 하기로 했는데, 아무래도 딸 잘 봐달라고 조금 흉내만 낸다.

장만했니 안 했니 말을 먼저 하지 않다가 하룻밤 자고 갈 적에 짠하고 차에 옮겨 실어 주어야지. 딸아이는 아직 이쪽 일터를 매듭짓지 않아서 살림살이가 어설프다. 일터를 옮겨야 해서 새해 첫날 면접을 보았단다.

우리 딸은 처음부터 어린이집에서 일하고 싶었다. 그렇지만 내가 유치원이 낫다고 해서 이제껏 유치원에서 일했다. 이 유치원에서는 수녀님하고 일한다. 이 유치원에서 일하다가 그만둔 사람들을 보면 거의 결혼을 하면서 그만두었다. 딸이 이제 결혼했으니 맡은 반 졸업을 하면 바로 짝을 따라 인천으로 간다. 새 일터를 얻어서 수녀님이 있는 유치원을 그만둔다.

딸아이가 처음부터 하고 싶어 하던 일을 맡았으니, 나중에 아기를 낳으면 딸아이가 일하는 어린이집에 보내고 일하면서 기웃하면 얼마나 좋은가. 벌이는 줄어들 테지만, 멀리 내다보고 오래 하는 일이 낫다고 여긴다. 조금 덜 받아도 일을 놓지 말기를 바랐다. 아이 낳고 돌보다 보면 엄마는 놓아야 할 일이 많다. 다 놓고 뒷전이 되었다가 아이가 크면 다시 일자리를 찾기가 힘들다. 일자리를 찾더라도 그동안 쭉 한 일보다 못하거나 돈이 적거나 언제 그만두어야 할는지 모른다.

내가 예전에 겪어 보아서 누구보다 딸아이가 나하고 비슷한 길을 갈까 걱정스럽다. 나는 셋째 아이를 낳는다고 일을 그만둔 뒤로 계약직으로 일을 이어갔다. 품삯도 적고 허름한 자리를 맡아야 했다. 다시 자리를 잡기에는 더 낮추고 또 낮추어야 한다. 그리고, 내 나름대로 마음을 쏟는 일이 있어야 삶이 반짝반짝 빛난다. 이웃과 부대끼면서 울타리를 이룬다.

새로운 발걸음이다. 새로 태어나는 셈이랄까. 모두가 새롭게 열어 간다. 이제 우리 집보다 더 자주 갈 집일 사위네 집, 딸네 집일 테지. 내 품을 떠나 새롭게 보금자리를 트는데 떡과 과일과 고기를 조금 장만해서 보낸다. 빈손으로 보내지 않아 좋다.

사위가 노래를 잘한다던데, 들어 볼까. 듣고 싶다고 하면 부를까. 장모라는 이름도 사위라는 이름도 낯설지만 다 큰 아들 하나 얻은 셈이니 그저 든든하다. 이튿날에는 반찬을 좀 장만해야겠다. 딸아이 말처럼, 이모저모 사 놓고서 안 산 척해야 할지 모른다. 바닥이나 쓸고 닦아야겠다.

사위 온다고

"엄마, 우리 내일 옷 편하게 입고 가도 되나?"
"그래, 그래도 깔끔하게 입고 절은 해야지."
"나도 같이 하면 되나?"

지난해 설에 사위가 처음 우리 집에 왔다. 처음 오는 데다가 그날이 설날인데도 세배를 하지 않았다고, 처음 온 애한테 말도 걸지 않고 싸늘하게 굴었다.

잔치를 치르던 무렵에 사위가 엉덩이를 수술하느라 노래를 듣지 못했다. 우리는 딸이랑 사위가 힘들게 신혼여행을 갔다가 잘 쉬지도 않고서 우리 집으로 오면 또 덧날지 몰라, 좀 쉬엄쉬엄 다 낫거든 오라고 했다. 여행 때도 안 좋아 힘들었다는데, 돌아와서 바로 다시 수술했단다. 며칠 더 있으면 한결 나을 텐데, 저희들도 시집 인사를 미루기엔 눈치가 보였나. 내가 눈치를 주었나.

"엄마, 나 원서 네 군데 냈잖아, 다 붙었어. 처음 붙은 데가 가장 좋아서 다른 세 곳에는 못 간다고 했어."

자랑하는 딸을 보니 이 아이를 걱정하던 어린날 딸이 아니었다. 동생이 태어나고 나한테 사랑을 가장 못 받았을지 모르는 작은딸인데, 작은딸은 동생을 오히려 귀여워했다. 작은딸이 나서서 동생을 업고 재우던 무렵에 작은딸 얼굴이 가장 밝았다. 작은딸은 아기를 좋아하는 마음을 타고난 듯했다. 작은딸은 아기를 돌보는 유치원 교사라는 길로 들어서고서 결혼이라는 길을 다시 혼잣힘으로 찾아내었고, 이 길을 어쩐지 퍽 쉽게 뚫어서 스스로 뿌듯하고 자랑스러울 테지.

"엄마 시집에 가는데 빈손으로 갈 순 없겠제?"

"그렇지. 엄마가 조금 준비했어. 말을 미리 안 하려고 했는데, 고기 한 다섯 근 맞추고, 떡도 칠곡에서 맞추었어. 가는 날 바로 보내주기로 했어. 어제는 과일 큰 거하고 귤도 보자기로 담아서 샀어."

"그렇게 많이나? 엄마 나 기 살려 주려고 했나?"

"그쪽에서 하지 말라고 했지만, 엄마가 빈손으로 보낼 순 없잖아. 사과하고 배도 하려다가 부피만 클까 싶어 좀 가볍게 갖고 가라고 조금만 장만했는걸. 반찬도 좀 담을까?"

"아니, 이만큼 해도 너무 많아. 반찬 갖고 가면 내가 꺼내야 하잖아. 난 얻어먹고 싶어."

어느 시어머니가 며느리한테 어련히 밥을 안 줄까. 밥걱정은 군걱정이란다. 나한테는 사위가 귀엽고, 시어머니한테는 딸아이가 귀여울 테지.

"작은방에서 잔대서 이불 다 빨아서 깔아 놨는데, 아빠가 니 혼자일 때도 큰방을 썼는데, 둘이 오는데 큰방 줘라 하더라."

"참말로? 아빠한테 괜찮을까?"

"그래, 아빠는 밤늦게 일 마치니 근이 방에서 자면 되고, 우리 사위가 아직 화장실이 어려울 텐데, 안방을 써야 수월하겠지."

시어머니가 와도 큰방을 내주고, 딸이 와도 큰방을 내주고, 이제 사위가 와도 큰방을 준다. 나는 책칸(서재)이 있어 큰방을 누가 써도 좋다만, 집에 누가 올 적마다 마루나 작은방에서 자는 곁님이 어느새 나처럼 뒤로 슬슬 밀려나도 슬슬 웃으며 기꺼이 내놓는다. 이제 딸과 사위가 먹고 싶다는 갈비찜 맛있는 집에 데리고 가서 내가 사는 척해야지.

말랑감

상주 푸른누리를 지난달에 다녀왔다. 상주 시내에서 한참 먼 멧골에 깊이 깃든 그곳은 숲집 같았다. 그날 그곳에서 얻어 온 말랑감이 남았다. 빛깔이 곱고 말랑한 감을 먼저 골라 먹다 보니 까맣고 흉이 난 감만 남았다. 어찌할까 하다가 까치밥으로 삼기로 한다.

물을 큰 그릇에 옮긴 날 말랑감을 하나 놓았다. 아침에 문을 열어 빼꼼히 보니 쪼아먹은 구멍이 났다. 물을 더 붓고 감을 둘 또 놓았다. 까치가 고개를 갸우뚱하고 두리번거린다. '이 물을 누가 놓았지? 감은 어디서 떨어졌지?' 하는 듯했다.

까치는 물을 먹을 적에도 모이를 먹을 적에도 소리를 낸다. 두리번거리는 모습을 보면 조용히 몰래 먹어야 할 듯한데, 오히려 소리를 낸다. 요즘 내 귀에 이 소리가 말로 들린다. 살피는 몸짓이 말 같다. "고마워요. 잘 먹을게요. 그런데 어디 있어요?" 같은 소리가 들리면 눈치채지 못하게 슬그머니 가리개 곁에 숨어서 본다.

큰 까치가 오니 어린 까치가 날아갔다. 큰 까치는 넓은 물독에 들어갔다. 꼬리가 잠기지 않는다. 어느새 날아가고 어린 까치가 왔다. 물을 먹고는 감껍질을 한입 물고 날아간다. 누굴 줄까. 어미에게 줄까. 두고 새참으로 먹을까. 날개로 무얼 잡지는 못하고 오로지 입이 손이 되는 새를 물끄러미 본다.

감은 감대로 새는 새대로 나무는 나무대로 풀은 풀대로 그릇에 담겨 찰랑거리는 물은 물대로 쌀 모이는 쌀대로 그릇은 그릇대로, 그곳에 숨이 들어가면서 나처럼 너처럼 하나같이 어우러진다는 생각이 새삼 든다. 크기하고 모습이 다를 뿐, 생각이 그곳에 들어가서 사는 다 다른 집 같다.

어둡다. 새는 어두우면 물을 먹으러 안 온다. 둥지로 돌아갔다. 물에도 그릇에도 감에도, 아까 새가 앉은 자리에도 어둠이 내려앉는다. 이제는 고요하고 깜깜하다.

날마다 어둠이 찾아오고 아침이 찾아오는 하루이다. 새가 찾아오고 사람이 찾아오는 우리 집이다. 비록 모습이 다르지만 거두고 싶은 마음이다. 물단지에 감알에 내어준 자리에 너랑 나랑 만나고 싶은 마음이 있다. 이튿날 아침에 더 어린 까치가 물을 먹기 좋게 가득 채워야지. 쪼아먹다 남긴 감껍질을 버리고 다시 내놓아야지. 며칠은 까치밥이 넉넉할 듯하다.

칼 안 쓰는 날

"야야, 칼 쓸 일 있으면 오늘 다 장만하거라."

"왜요, 아버님?"

"칼 안 쓰는 날이다."

"사과하고 배는 어떻게 해요?"

"그건 작은 칼로 도려내고, 큰 칼은 쓰지 마래이."

달걀을 노른자 흰자를 따로 부쳐서 채썰었다. 무와 고기도 미리 손질해서 그릇에 담았으니, 두부만 숟가락으로 으깬다. 다진고기에 참기름을 부어 볶다가 두부를 넣고 으깬다. 김 두 장을 비벼서 가루로 뿌렸다. 사과하고 배를 깎는다. 열 시쯤 되면 써도 된다고 했는데, 작은 칼이니 괜찮겠지.

시아버지는 절에서 받은 달력을 걸어두고 본다. 절집 달력에 짐승이 띠이름대로 나오던데, 어떤 짐승을 보고 칼을 쓰지 말라는 걸까. 작은 칼로 깎았지만 크든 작든 칼인데 찜찜하다.

시어머니는 명절날이나 제사에 걸리면 미리 사과나 배도 깎아 놓고 그날은 칼을 멀리했단다. 미리 챙기는 일도 안 쓰는 일도 마음이 쓰일 텐데. 아직도 달력을 보고 몸소 따른다. 칼은 쇠고 쇠는 돌에서 나오고 돌은 흙에서 나왔을 터. 이래저래 따지면 걸림돌이 얼마나 많을까.

날카로운 칼은 어떤 뜻으로 삼가려나. 칼은 갈고 갈아서 무엇이든 자르고 끊는다. 잘 쓰면 이바지하고, 잘못 다루면 다친다. 살살 다루는 살림이다.

어제 이 말을 듣지 않았다면 어땠을까. 두부를 칼로 썰지 말자, 하면서 칼을 떠올렸다. 칼을 오히려 쓰게 하는 말 같다. 입에서 나온 거친 말도 칼날이 아닌가. 첫날인데 마음씨가 뚝뚝 떨어지는 말을 했다. 조금만 참을걸. 마음이 시원하지도 않으면서 참아야 할 말을 마구 뱉었다. 마음이 널뛸 적에는 참고 기다릴 줄도 알아야 하는데, 칼 쓰지 말라는 칼만 생각하고, 입으로는 칼날을 마구 썼다. 조금만 깊이 생각하고 말할걸.

따스하다

문 앞에서 작은딸을 보내고 들어오는데 신발 벗던 아들이 "따뜻하네" 하고 폴짝 뛰면서 방으로 간다. 작은딸이 짝을 맺고 첫 설을 우리 집에서 쇠고 갔다. 하룻밤 자고 갔지만 남겨놓은 따뜻함은 크다. 우리는 둘이 있다가 애들이 오면 잠자리가 뒤죽박죽이다. 나야 책마루(서재)가 있어서 누가 오든 안 오든 아무렇지 않다만, 곁님이 늘 비켜준다.

작은딸이 짝을 맺은지 한 달이 조금 넘는데 새사람을 마루에 재우는 일은 내키지 않았다. 우리 딸도 시집에 가면 잠자는 일을 걱정하는데, 사위도 우리 집에 오면 마찬가지이다. 아직 화장실 쓰기가 버거울 테니 큰방을 내준다. 큰방을 쓰던 큰딸은 아들 방으로, 아들하고 곁님은 마루로 하기로 했다. 어서 이불을 바꾸고 방을 치우려고 널어놓은 큰딸 짐을 닫는데 한바탕 날 선 말이 오갔다.

큰딸이 불쑥 투덜거렸다. 곁님은 작은딸하고 사위가 왜 큰방을 써야 하는지 못마땅해했다. 이 꼴을 보자, 갑자기 내 안에서 서운함이 확 터졌다. 곁님이 애들 앞에서 나를 깔보는 듯한 말은 안 하면 좋겠는데, 나를 깎아내리는 말이 언뜻 나왔다. 큰딸은 짐을 옮기면서 "빨리 가 줄게" 했다. 큰딸은 설에 대구 왔다가 서울로 돌아가는 표를 올 적에 미리 끊어놓곤 할 테지만, 마침 이럴 때 이렇게 말하니 얄밉다. 한바탕 내 목소리가 집안을 휩쓸었다.

딱 꼬집어 못마땅한 일이 아닌데 말 한마디에 셋이 나란히 뒤틀렸다. 곁님은 곁님대로 큰딸은 큰딸대로 나는 나대로 삐치느라 일이 크다. 작은딸이 곧 우리 집에 온다는데, 절을 받아야 하는데, 곁님이 잔뜩 뿔이 나서 절을 안 받겠단다. "뿔나도 나한테 내야지, 저녁 먹으러 오소. 오늘 절 안 받으면 이튿날 애들이 늦잠 자기 글찮아요." "나는 이랬다저랬다 못해. 몹시 언짢아 못 가." 한숨을 쉬고서, 아들한테 "너희 아버지한테 살살 말해 봐." 하고 말했다.

나중에 얼핏 듣자니 '누나하고 둘이 풀었다' 한다. 애들이 막 들어왔는데 속은 탔다. 애들이 갖고 온 짐을 받아 치우는 사이, 곁님도 차를 몰고서 이제 막 집 앞에 닿은 듯하다. 속으로 빙그레 웃었다. 아마 내가 속이 터진 까닭을 어럼은 한 듯했다.

큰바람이 지나간 자리에서 새해 절을 한다. 우리가 먼저 받고, 언니와 동생하고 서로 맞절을 시켰다. 이제 모두 자리에 앉았다. "잘 살아"라는 한마디를 건네고, 뒷주머니에 미리 꽂아 둔 세뱃돈을 둘한테 따로따로 건넨다. 곁님은 처음이라고 사위한테 따로 하나 더 건넨다. 밥을 먹고 곁님이 가게에 일을 하러 나가자 애들끼리 재밌게 잘 논다. 이러다가 저희끼리 노래방을 간다. 큰딸하고 아들이 새사람(사위) 노래를 할 적에 입이 쩍 벌어졌다고 했다. 아, 오늘도 나는 새사람 노래를 듣지 못하네.

방을 어떻게 가르느냐 때문에 한바탕 일이 터지기도 하고, 또 이모저모 뭉치기도 한다. 애들은 놀면서 뭉치고 큰딸이 꼭 두라고 따르네. 그동안 쌓아 둔 짓눌린 마음을 둘 다 서로를 보며 풀기로 했다. 나는 큰딸을 보면서 고치고, 큰딸은 모난 엄마를 거울삼아 고치자고 손을 잡고 "잘 하자, 잘할게" 하고 거듭 얘기했다. 처음과 끝은 아들 말처럼 따뜻했다. 아까 큰딸한테 큰소리를 칠 적에 큰딸은 작게 "저번 북토크에서는 고상하게 말하더니" 하고 혼잣말했다. 아, 그날 큰딸이 엄마를 잘 보았구나. 소리 꽥 지르며 한바탕 뒤흔든 일이 더 부끄럽다.

헌책으로

누리책집에서 내 시집을 뒤져 보았다. 새책 곁에 헌책이 나란히 뜬다. '이건 뭐지? 아, 벌써 헌책으로 나왔네! 이 일을 어째! 아직 시집을 낸 지 한 해조차 안 지났는데?' 갑자기 낯이 뜨겁다.

물을 한 모금 마신다. 숨을 돌리고서 생각한다. 아니, 나도 헌책을 곧잘 사는데, 왜 내가 내 시집이 헌책으로 나왔다고 해서 낯이 뜨거워야 할까? 내가 쓴 시집이 헌책으로 나왔다면, 누가 틀림없이 읽었다는 뜻이다. 그분이 샀든 누구한테서 받았든.

그렇지만, 지난해까지는 다른 사람들이 쓴 책을 샀다. 여태 다른 사람들 책을 새책으로도 헌책으로도 사면서 마음이 무겁지는 않았다. 새책은 새책대로 헌책은 헌책대로 그저 읽어 왔다. 그런데 나는 왜 새해 첫머리부터 헌책 하나를 놓고서 무슨 큰일이 났다고 여기는가.

헌책을 사서 읽어 보면 알 텐데, 기쁘게 사서 곱게 건사했다가 내놓는 헌책이 있고, 재미없거나 값없다고 여겨 버리는 헌책이 있다. 잘 읽어 준 분 손길을 탄 헌책은 이름대로 '헌' 책이어도 깨끗하고, 손빛이 곱게 묻어난다. 사랑을 못 받고 버림받아 '낡은' 책은 갓 나온 뒤에 헌책으로 나왔어도 어쩐지 꾸깃꾸깃하거나 때가 많이 타거나 햇볕에 바래기도 한다.

어제 어느 모임에 갔다. 그곳에서 누가 내 손을 잡고 부른다. 신발을 벗고 구석에 앉았다. 지난해에 낸 책을 돌리지 않아 모임사람들이 내가 어떤 책을 냈는지 모르니, 내가 책을 돌리고 밥자리를 마련하기를 바란다고 한다.

문득 모임자리를 휙 둘러본다. 글을 쓰는 사람들이 모인 자리인데 책을 살 줄 모르고 나더러 책을 돌리고 밥자리를 마련하라고 얘기하다니, 무슨 일인가? 글을 쓰는 사람들이라면서 이분들은 무슨 책을 읽는가? 글을 쓰는 사람들이라면 이웃이나 글벗이 낸 책을 먼저 알아서 한 자락씩 사서 함께 읽고 생각을 나누면서, 서로 북돋우기도 하고 아쉬운 대목을 가볍게 나무라거나 짚어 주기도 해야 서로 발돋움하지 않을까?

책을 내는 사람들끼리 거저로 주고받는 일이 몸에 붙었나

보다. 그런데 나는 거저로 주고받는 책은 거저로 받아도 어쩐지 읽고 싶지 않다. 아니, 거저로 주고받는 책은 글에 삶이 묻어나지 않은 듯하다. 이런 책은 새책집에 꽂혀도 사려는 사람이 아예 없지 않을까?

속으로 생각한다. 내가 쓴 책을 모임사람들더러 사라고 짐을 얹기도 싫다. 무엇보다 지난해에 낸 책에는 내 어린 나날을 고스란히 드러낸 터라, 스스로 마음으로 읽고서 마음으로 나누려는 글벗이 아니라면 선뜻 그냥 줄 생각이 없다.

여름에 낸 시집은 몇 분한테만 드렸다. 헌책집에 나온 내 시집은 누가 사서 읽었을까? 내 시집을 사 읽은 분은 무엇을 느끼고 보았을까? 내 시집을 사 읽은 분한테서 느낌과 생각을 듣고 싶다. 궁금하다.

헌책으로 나온 내 시집을 내가 살까 망설이다가 멈춘다. 좀 두고보자. 이 헌책을 반가이 맞이할 분이 있을지 모른다. 나를 글이웃으로 만날 마음이 있을 분을 그려 본다.

동백 들이다

먼저 일 나가는 곁님이 문을 열고 들어온다.

"하회에 언제 갈려노. 의성도 들르고 오자."

"아, 난 주말에는 바람 쐬고 싶은데."

"참, 동백을 찾아보니 네 군데 있더라. 니 말대로 부산에 동백섬도 있대. 주말에 통영 장사도에 갈래?"

며칠 흐름이 깨지니 몸이 쑤신다. 머리도 한몫 거든다. 깡통이 머리에 든 듯하다. 설날에 읽으려고 꺼낸 책을 펼치니 안 읽힌다. 설날이면 보던 우리 소설이 생각났다. 꾸러미로 들인 책을 훑다가 다른 책을 펼친다. 어제는 제법 읽히더니, 책을 읽다가 동백이 언제쯤 꽃이 활짝 피려나 하는 생각이 가득하다. 이러다가 벌떡 일어난다.

동백을 안 보고는 못 견딜 듯하다. 요즘 몸이 자주 발끈하네. 해가 더 저물 텐데 꽃집으로 가자고 안달이다. 모자를 꾹 눌러쓰고 차를 몰았다. 밖은 추위도 차에서는 따뜻하다. 창으로 들어오는 햇볕이 좋다. 자리를 뜨끈뜨끈 데운다.

꽃집 앞에 선다. 꽃집은 날이 추우니 꼭꼭 닫아건다. 쉬는 날 같지만 웅크릴 뿐이다. 한 집 한 집 문을 열고 들어간다. 동백이 한두 포기뿐이네. 어떤 집은 복숭아빛이 도는 서양동백이네. 이 아이는 삼색동백이네. 아, 내가 찾는 동백은 없고, 지난해 키웠던 장미동백인 겹동백이 있는 집을 찾아 되돌아간다. 꽃집 이름을 안 보고 나왔더니, 다시 찾아가는데 처음처럼 하나하나 문을 열고 들어간다. 나는 이럴 적마다 왜 이리도 굼뜬가 하고 돌아본다. 예전에는 눈치가 빨랐는데 이제 다 어디로 갔는지 모르겠다. 손발이 힘들다.

꽃집 한 곳에 겹동백이 많다. 벌써 꽃이 활짝 피어서 안쪽으로 들어가면서 더 있나 두리번거린다. 저쪽 끝에 동백이 몇 그루 있다. 안쪽 동백나무는 꽃망울이 이제 은행알만큼 작게 맺었다. 꽃이 피기를 기다리는 재미가 있겠구나. 하나둘 피면 보는 재미가 클 듯하다. 꽃망울이 많고 밑둥이 튼튼한 아이를 고른다. 나뭇가지가 파릇파릇하다. 흙에 이끼도 끼었다. 꽃집 이름을 외우면서 차를 가지러 갔다. 아저씨가 뒷자리에 실어준다.

새로 들인 작은 동백나무를 바깥마루에 둔다. 오늘은 무척 춥다는데 하루만 안쪽에 넣자 싶어 다시 수건을 깔고서 마루에 들인다. 지난해는 물을 제때 안 줘서 나무가 말랐다. 올해에는 같은 잘못을 하지 말아야지. 흙이 바짝 마르면 물을 흠뻑 주랬지. 흙을 만져 본다. 촉촉하다. 마루에는 해가 들어 잎이 마를지도 모르는데, 너무 따뜻하면 꽃이 피지도 않고 뚝 떨어진다던데, 보고 만지고 또 본다.

동백이 뭐라고 나를 이토록 부를까. 이제는 어릴 적처럼 흔히 보지 못하기에 자꾸 보고 싶어서 동백을 찾는 듯하다.

서울 가는 길

2022년 12월 첫머리에 《풀꽃나무하고 놀던 나날》을 내고서 처음으로 서울에 간다. 책수다를 열기로 했다. 어떻게 해야 할지 몰라 며칠 끙끙했다. 몸은 나보다 더 떨었는지 밥숟가락도 잘 들지 못했다. 더군다나 몸살이 나서 나들이에 마음을 쓰지 못했다. 머리가 다 풀어진 줄도 모르고 이틀 앞두고 머리 손질을 했다. 딸한테 어떤 옷을 입고 갈까 묻느라 지쳤다. 얌전한 차림새를 하려고 하다가, 하루를 버티려면 등산화를 신어야겠구나 싶고, 옷하고 신이 안 맞는 듯하고, 가방을 메고 낯선 서울을 다니기엔 거추장스러울 듯싶어, 두툼한 겉옷과 등산화를 신는다.

세 시간 미리 가서 마음을 추스르면 한결 나으리라는 생각이 들었다. 고모 말에 서울이 춥다는데 너무 일찍 가서 떨면 어쩌나 한 시간만 늦추자고 차표를 보다가 가슴이 철렁했다. 대구서 서울 가는 표를 끊어야 하는데, 거꾸로 서울서 대구 오는 표를 살폈다. 마침 자리가 있어 표를 다시 끊었지만 까딱했으면 기차를 타고 들과 산에 쌓인 눈도 못 볼 뻔했다.

4호선을 타고 7호선을 갈아탄다. 갈아타는 곳을 헤매다가 지나가는 사람한테 여쭙고 다시 내려와 푸른띠를 따라 한참을 가고 또 가서 탄다. 미리 길을 보고 찻집도 봐 두었다. 건널목을 건너 찻집에 갔다. 위로 올라가니 자리가 꽉 찼다. 큰 책상 옆에 자리가 하나 났다. 짐을 풀고 늦은 점심을 빵하고 커피로 먹는다. 화장실에 가서 이를 닦고 머리를 매만진 뒤 자리에 앉아 내 책을 펼쳤다.

글이 눈에 잘 안 들어온다. 불빛이 붉어 마음이 흩어진다. 창쪽으로 보니 어떤 나이 드신 두 분이 나란히 밖만 내다보고 아무 말이 없이 앉았다. 저쪽으로는 아줌마들이 여럿 모였다. 내 앞에는 노트북을 펼치고 책을 보는 사람도 있다. 시끄럽지만 조용하다. 갑자기 코가 나와 풀었다. 풀고 풀어도 코가 나온다. 검은 피까지 나온다. 이번 감기는 코가 목으로 안 나오고 어디에 숨었다가 나오는지 코가 많이 나온다. 아무튼 코를 풀고 나니 머리가 맑다.

아침에 오늘 책수다에 오지 못한다고 때를 놓치지 않고 말해야겠다면서 글월을 보내주신 분이 있다. 긴 글월에 나를 드러내는 말을 빼고 그분 마음이 담긴 글자락에 밑줄을 그었다. 때를 봐서 사람들 앞에서 읽어야겠다고 마음먹었다. 줄을 긋고 나니, 친구한테서 글월이 왔다. "네가 쓴 책 사서 천천히 잘 봤다. 이렇게 수수하게 쓴 글을 오랜만에 만나 즐거웠다. 쓰느라 애썼다."고 하면서 오늘 책수다 자리를 잘하라고 알린다.

처음으로 해보는 책수다인데, 두 분이 보낸 글월을 읽고서 마음이 조금 녹는다. 한결 푸근하다. 서울에서 일하는 어느 글벗은 내가 먹을 도시락을 챙겨 온다고 한다. 어제까지만 해도 못 온다는 큰딸이 늦어도 온다는 쪽글이 온다. 큰딸이 와 주는구나. 누구보다 큰딸이 온다니 기쁘다.

서울에서 마련하는 책수다에는 어느 누구보다 우리 큰딸한테 들려주고 보여주고 싶다. 엄마 노릇이 모자랐을 지난날이 마음에 걸렸다. 글을 쓰면서 우리 아이한테 부디 봐달라고 빌고 싶었다. 이제 손전화로 길그림을 켠다. 방배동에 있는 마을책집 '메종인디아 트래블앤북스'로 간다. 가볍게 걷는다.

액시야

아침에 늦잠을 잤다. 시계를 보다가 쪽글을 본다. 눈도 떨어지지 않는다.

"액시야, 힘내라."

"그래. 고마워. 오늘 늦잠 잤네. 그제 제사 지내고 어제 몸살 했더니, 눈 뜨니 8시다. 아, 늦었뿟다."

"약 먹어라, 그냥 있지 말고. 우리 어제 영덕에 바다낚시 하러 왔다. 1박2일 하고 식당에 밥 먹으러 왔다."

"우와, 좋으네. 재밌게 놀고 맛난 거 먹고 겨울바다 잔뜩 보고 와."

"그래. 재밌다. 고기도 많이 잡았다."

'액시야'를 모처럼 들어 본다. '액시'는 경북 의성에서 시누이를 부르는 말이다. 내겐 언니인데 나는 말을 놓는다. 액시라고 부르는 언니는 나와 초등학교를 같이 나왔다. 다 어려울 적이지만 다른 사람보다 더 어려웠다. 반 아이들이 도시락을 한 숟가락씩 담아 나누어 주었다. 이때는 내가 작기도 했지만, 언니는 또래보다 키도 크고 얼굴이 참 예뻤다. 내가 고등학교 때 우리 사촌 오빠와 사귀더니 오빠가 졸업하자 바로 살림을 차리고 애를 낳았다. 어떤 때는 언니라고 부르지만 그냥 말을 놓는다.

그 곱던 얼굴이 참 많이 바뀌었다. 우리가 고등학교에 다닐 적에 이 언니는 학교에 다니지 못했다. 살림이 어려워 배우지도 못하고 잘 사는 고모네 집에 며느리가 되었다. 일찍 애를 낳아 어느덧 짝을 다 맺어 주었다. 잘 나가던 일을 두고 시골에 들어와 이제는 농사를 짓는다. 어린 날 내 머릿속 사촌 오빠는 말썽꾸러기였다. 우리 오빠도 말썽꾸러기였다. 마을 오빠하고 끼리끼리 모이고 저지레를 해서 좋게 안 봤는데 내가 잘못 보았다. 사촌 오빠가 참 멋있었다.

언니가 아이들을 낳고 마음앓이에 시달리면서 약을 먹은 뒤로 몸집이 불어났다. 나와 나이가 같지만, 언뜻 보면 엄마처럼 몸집이 굵다. 오빠하고 나란히 보면 이모쯤 될 듯이 몸이 확 달라졌는데, 사촌 오빠가 언니를 바라보는 눈빛이 혀짧은 소리로 곁에서 쫑알쫑알하는 언니를 무척 떠받든다.

"내 옆에 있어 줄 사람은 마누라뿐이더라."

사촌 오빠가 한 이 말에는 사랑이 듬뿍 들었다. 요즘 마을에 젊은 농사꾼이 없는데 둘이 내내 밭에서 일한다. 명절이든 고향에 벗들이 오든 따로 만나지 않겠다고 언니와 손가락 걸고 다짐했다고, 시골에 온 뒤로 여태 어기지 않았단다. 겉모습은 우스꽝스러워 보이지만 둘이 나란히 함께하는 마음이 곱다.

"액시야!" 하고 내게 처음 불러 준 새언니이다. 말할 적에 침을 튀겨도 든든한 몸집만큼이나 뚝심으로 따뜻하게 어른을 우러러보고 아이를 품는 마음이 말처럼 곱다. 겨울 바다에서 고기 잡으며 둘이 느긋하게 하루하루를 보내다가, 곧 새싹이 깨어나면 흙에서 도란도란 사촌 오빠가 심심하지 않게 쫑알쫑알할 테지. 잘 살아 줘서 고마운 벗이자 언니이다.

견디기

시골밭에서 흙을 담아 왔다. 동백에 조금 뿌리고 조그마한 텃밭에 살살 뿌렸다. 꽃이나 잎이 떨어지면, 잘게 뜯어서 흙에 묻었다. 잎이 작고 여려서 이내 흙으로 돌아갔다. 작은 동백나무가 우리 집에 올 적에는 흙에도 나무에도 잎에도 이끼가 끼었다. 비닐집에서 살 적에는 촉촉해 보였는데, 우리 집에 오니 흙이 빨리 마른다.

물을 주어도 하룻밤 자고 나면 흙이 마른다. 손가락으로 살살 파 보고 긁어 보다가 물을 한 벌 준다. 물을 주다가 자꾸 마음이 쓰인다. 물을 주면 밖에 내놔야지 생각하다가 물을 주어서 얼면 또 어쩌나 걱정하고, 밑에 깔아 놓은 수건을 끌고 다니다가 한추위가 지나면 밖에 내어 튼튼하게 키우자 생각하다가, 아니지 밤새 추우면 어쩌나 싶다. 자다가도 벌떡 일어나 안으로 들였다. 벌써 대여섯 송이가 꽃잎을 연다. 아무래도 따뜻해. 동백은 추운 날 꽃을 피울 만큼 추위를 견디지. 시골서 갖고 온 흙을 꽃삽에 담아 여리고 작은 풀이 넘어지지 않게 살살 뿌렸다. 받침대에 깔아 놓은 수건을 당겨서 밖에 두었다.

이제는 안에 들이지 말아야지 생각한다. 바람을 알맞게 견뎌야 꽃이 차츰차츰 필 테고 오래 볼 테지. 꽃을 보고 싶으면서 빨리 필까 봐 걱정한다. 빨리 피면 일찍 질까 봐 걱정하더니, 이제 다시 천천히 꽃이 피기를 기다린다. 흙을 뿌리는 나를 보던 곁님이 수국을 뿌리만 두고 자르자고 한다. 시월에 핀 꽃잎이 아직 마르지 않고 풋풋한데, 잎은 얼마나 싱싱한데, 이래저래 혼잣말하고 미루다가 툭 자른다. 자른 잎을 손으로 뜯어서 덮어 준다. 수건을 끌고 동백보다 더 밖에 냈다. '그래, 너도 찬 바람을 견뎌야 꽃을 잘 피울 테지.' 그동안 가지를 자르지 않고 우리 집에서 따뜻하게 보낸 수국이 갑자기 된서리를 맞는 셈이다. 더 견뎌 보렴. 뿌리가 바쁘겠지만 바깥바람을 쐬어 보렴.

불룩하게 올라온 마른잎이 바람에 날아가지 않게 작은돌로 눌렀다. 마른잎 밑에 또 마른잎이 있어 견딜 만할지 모르겠다. 나는 꽃다발을 받으면 그대로 두는데, 꽃잎이 시들면 가위로 잘게 잘라서 수국 꽃그릇에 거름으로 놓았다. 시든 꽃잎이어도 풀어헤치면 낱낱 꽃잎이 참 많다. 고와서 거름으로 좋다.

흙에 찔러 넣기도 한다. 수국이 꽃을 한결 잘 피우라고 마른꽃이란 마른꽃은 속에 다 넣었다.

이제 동백하고 수국이 겨울나기를 잘 마칠 무렵이다. 동백은 천천히 꽃이 피어 오래 보고 싶은 마음에 자꾸만 손길이 간다. 두 꽃은 어느덧 마루에서 쫓겨나 바깥으로 나간 셈이지만, 마루가 아닌 해바람을 머금는 바깥이 처음부터 있어야 할 자리인지 모른다. 수국은 땅속으로 뿌리를 움켜쥐고 견뎌야 할 겨울일 테고, 동백은 찬바람을 온 가지와 잎으로 받아내어 꽃을 피우려고 힘을 모을 테지. 올해에도 다음해에도 새로 헤어지고 만나고 싶은 꽃이다.

이 겨울에 피어나는 동백은 동백대로, 줄기가 잘린 수국은 수국대로 오늘을 살아간다. 나를 부른 꽃, 내가 부른 꽃을 오랫동안 피고 지고 가는 뒷모습을 고스란히 보고 싶다. 이렇게 내 앞에서 피고 지면서 남긴 말을, 꽃이 써 놓은 글을, 꽃이 쓰는 삶을 들여다보고 싶다. 잘 견디자, 수국아. 동백아.

잘 걷지

"엄마, 금요일 언제쯤 오나?"

"10시쯤 나설게. 일찍 가면 너 집 치울게."

"여수 가면 좀 걷는데 잘 걷제?"

"그래 내 잘 걷는다. 그런데 일요일이 보름인데 마을잔치를 열면 못 가지 싶다."

"아, 보름이가?"

"둘이가 밥 당번인데 나도 나이가 들어가, 오십만 원 받아 밥 당번 맡는데, 내가 가면 혼자 한다고 말 나잖아. 일요일에는 교회 나가는 사람들이 있어 어쩔지, 알아보고 말할게."

"그러면 못 가겠네. 다음에 가면 되니 잔치하면 오지 마요."

"세 해씩이나 놀러 못 댕겼는데, 나도 가고 싶지."

엄마랑 같이 못 가도 나는 여수 오동도에 갈 생각이다. 여수 바닷가에서 저녁에 해넘이를 보고서, 아침에 해돋이도 보고 싶다. 붉게 물들인 하늘하고 바닷물이 무척 보고 싶다. 몇 군데 돌고서 순천으로 넘어가 선암사와 송광사에 갈 생각이다. 이렇게 지나는 길에 낙안읍성과 순천만도 볼까 싶다. 청산도까지 가고 싶지만, 청산도는 꽃이 활짝 피어날 무렵으로 미룬다.

길그림을 펼쳐 놓는다. 엄마랑 같이 간다면 더 좋을 텐데, 아무튼 가고 싶은 곳을 더 적어 넣는다. 주소도 옆에 적는다. 이렇게 길그림을 펼치고 여기 갈까 저기 갈까 고르면서 좁혀 놓고는 다른 곳으로 갈지도 모른다. 길그림을 보니 오동도를 걸어서 들어갈 수 있다고 나온다. 숲실이 있겠네. 여기로 가야겠다. 나오는 길에 돌산섬으로 돌아서 향일암도 보고, 또 틈이 나면 장도라는 섬도 가야지. 갈 곳이 많아 벌써 좋아서 벅차다. 우리 엄마도 몹시 가고 싶겠지.

나는 우리 엄마하고 나들이하러 다닌 적이 딱 하루였지 싶다. 그때도 엄마한테 구경시켜 주겠다고 다짐을 해놓고는 나 혼자 가고 싶은 곳으로 데려간 셈이었다. 이 나들이도 예전하고 마찬가지일 수 있다.

그렇지만 엄마가 걸어낼 수 있을 적에 함께 다니고 싶다. 엄마가 없는 명자 언니는 엄마하고 같이 나들이를 가면 참 좋겠다고 부러워한다. 그 언니 말이 아니더라도, 이제까지 살면서 엄마도 나도 일을 좀 쉬고서 나들이하러 다닌 적이 거의 없다고 새삼스레 느낀다. 우리는 서로 얼마나 바쁘게 살아왔을까? 이렇게 바쁘게 살다가 엄마가 다릿심이 빠져서 걷지 못 하면 나들이는 엄두도 못 내리라.

알뜰하게 다녀야지. 하루 보태서 이틀을 쓰는데, 덜 먹고 덜 자더라도 바지런히 움직이자고 생각한다. 엄마 시골집에서 마을잔치를 다른 날로 미루면 좋겠다. 나는 가고 싶은 곳으로 바람 쐬는데 동무가 되어서 좋고, 엄마도 딸을 벗으로 삼으면 좋겠지.

엄마는 다른 때에는 다리가 아파 걷지를 못한다고 푸념했는데, 같이 놀러 가자고 하니 갑자기 말을 바꾸어 "나 잘 걷는다" 하고 거듭거듭 말한다. 엄마가 들려준 말에 조금 웃었다. 엄마도 나만큼이나 무척 가고 싶구나.

말

 말을 보다가 '아, 칼 안 쓰는 날을 여쭈려고 했는데 깜빡했네.' 하고 생각한다. 두 손을 모아 깍지를 끼며 손가락으로 손등을 힘껏 누르며 혼잣말을 한다. 의성 엄마가 파릇파릇한 말을 깨끗이 씻어서 썬다. 무를 먼저 썰어 살짝 바알갛게 물들 만큼만 고춧가루를 넣고 버무리다가 말하고 섞는다. 엄마가 손으로 섞는데 침을 꼴딱 삼켰다. 손으로 한 입 집어 먹었다. 어린 날 먹던 맛이 난다. 말은 된장으로 무쳐야 제맛이지. 바로 먹고 싶은데 꾹 참는다. 그릇에 담아 달라고 했다. 단술도 조금 얻어 하회에 갔다.

 시아버지도 잘 드시고 시어머니도 잘 드신다. 아버님은 "참 오랜만에 먹어 보네." 한다. 이가 안 좋아서 몇 가닥씩 집어서 드신다. 나는 밥에 듬뿍 올렸다. 무치고 남은 된장을 얻어왔는데, 함께 비빈다. 된장이 많이 짜네. 그래도 말에 더 섞는다. 들고 오는 사이 무가 숨죽으니, 물이 고였다. 말잎이 푹 죽어도 맛있다. 한 그릇을 비우고 한 숟가락 더 비벼 먹었다.

가음못을 지날 적에 보니 그 큰못이 얼었더라. 말은 깨끗한 물에만 산다던데, 얼음을 깨고 말을 쳤겠지. 어떤 사람인지 몰라도 말을 건져서 파니 시어른들도 잘 드시네. 하회서는 못을 보지 못했는데, 어디서 말을 건졌을까. 모레가 있는 큰내는 아닐 테고, 반듯반듯한 논두렁을 휘감고 흐르는 큰도랑일까. 아니면 이웃마을 못에서 건졌을까. 우리 아버님도 그렇고 곁님도 그렇고 서른 해나 마흔 해 만에 말을 드셨을는지 모른다.

고기보다 말에 젓가락이 더 간다. 어린 날 시골에서는 겨울이면 흔하게 먹던 풀인데, 이제는 고기보다 먹기 힘들다. 작은오빠도 고기는 안 먹고 말하고 비벼 먹었다고 하더니, 우리 엄마가 손을 써 주어서 흔하지 않은 말을 우리 시아버지하고 함께 먹는다. 엄마 집에서 갖고 온 단술도 잘 드신다. 엄나무를 넣고 또 뭘 넣고 달였다고 하던데, 시아버지가 참 잘 드신다. 우리 엄마 보람으로 낮밥 한끼 잘 드렸다.

설 때 우리 집 아이들을 무척 기다리신 듯하던데, 이런저런 말로 둘러대다가 가만히 있었다. 낮밥을 드신 뒤로 목소리가 상냥하다. 무게를 잡은 듯한 낯빛도 살갑다. 시아버지는 일어나서 부엌 옆칸에서 유과를 한 상자 들고 온다. 또 하나 있다고 우리더러 먹으라고 한다. 앉았다가 또 들어가시더니, 오란다 한 상자 꺼내고, 몸에 좋다는 약이 입에 안 맞는지 또 주시네. 커피도 많다면서 한 통 주시네.

뒤꼍 텃밭에서 흙을 한 움큼 담았다. 비닐집 앞에는 어머니가 쓰신 기저귀를 펼쳐서 햇볕에 말린다. 뒤꼍에서 내려와 아버님이 주신 여러 가지를 싣는다. 올 적보다 곱으로 푸짐하다. 어머니 몸이 한결 가벼워 보인다. 문밖으로 나와 서신다.

"어머니 볕이 참 따뜻하네요. 여기 앉아서 햇볕을 듬뿍 쬐다가 들어가셔요."

어머니는 지팡이를 놓고 나무 발판에 앉는다. 햇빛에 눈이 부셔서 그런지 모르지만, 두 분 눈빛이 차분하다. 물끄러미 본다. 가는 우리를 바라보는 눈빛이 자꾸 밟힌다. 이제는 누가 오면 반갑고, 가면 아쉽고, 안 가면 안 온다고 하고, 가면 왜 가느냐 묻고. 예전에는 남은 걸 드시다가 이젠 달고 맛있어야 잘 드신다. 몸이 안 좋아도 뒷밭이 있고 마당이 있어 하늘도 보고 바람도 쐬고 우리 빈자리에 하늘땅이 겨울로 채운다.

(여섯)

숨을 들이켜면 내가 숲이 된다

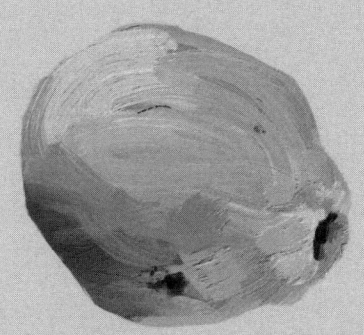

물

귀밑머리가 제법 하얗다. 가르마에 흰머리가 삐죽 섰다. 흰머리가 조금 보일 뿐일 텐데 거울을 보면 낯설다. 머리빛에 자꾸 눈이 간다. 마치 내가 아닌 듯하다. 두 이레 앞서부터 머리도 가렵다. 머리칼이 빠진 자리에 흰머리가 차츰 늘었는지 더 가렵다. 흰머리를 둘레에 안 보이고 싶다. 이레 뒤에 제주마실을 떠나는데, 이때에 맞추어 물들이기로 한다.

흰머리가 좀 보이는 일이 왜 보기가 싫을까. 듬성듬성 보이는 흰머리를 숨기고 젊어 보이고 싶은 생각일까. 나이를 받아들이지 못하는 생각일까. 아니면 나이에 매달린다는 생각일까. 나를 스스로 바라보지 않고 다른 사람 눈치나 둘레에서 나를 쳐다본다는 생각에 얽매여, 그만 얽매인 줄조차 모르는 모습은 아닐까.

차라리 머리칼이 모두 하얗다면 모를까. 흰머리가 보이면 어딘지 모르게 게으르고 지저분해 보인다고 생각했다. 처음 흰머리가 보일 적에는 하나하나 뽑았다. 하나 뽑으면 하나 는다는 말을 들었어도 귀에 들어오지 않았다. 한 가닥만 보여도 온마음이 이쪽으로 쏠렸다. 한 올 뽑으려고 머리숱도 적은 아까운 검은 머리칼을 몇 가닥이나 뽑아야 했는지 모른다. 이러다가 두 해 앞서부터 물을 들이기로 하면서 그만 뽑는다. 겉으로 보이는 머리칼이 자꾸만 눈에 거슬렸다.

제주마실을 가는 길에 조금 더 곱게 보이고 싶었다. 짐을 챙기듯 머리를 물들이자 싶었다. 나들이를 간 곳에서 사진을 찍어서 흰머리가 보이면 그저 보기 흉하다고 여겼다. 머리가 허옇다고 여겨 나도 모르게 손으로 가리거나 모자를 쓰고 몸을 움츠리더라. 모두 남한테 보이려는 겉모습이다. 마음이 빛나야 곱다는 말을 알면서도, 정작 다른 사람들이 이쁘게 봐주어야 더 좋다고 받아들인 셈이다.

그렇다면 내가 쓰는 글하고 머리를 물들이는 일하고 무엇이 다를까. 남이 써 놓은 지식도 보태고 책을 읽다가 멋있는 싯말도 따오고, 내가 아닌 다른 사람이 써 놓은 낱말을 차곡차곡 그러모아 그럴듯하게 붙여서 '멋진 글'인 척한다. 흰머리를 숨기듯 글을 꾸미고 만다.

머리를 물들이는 마음은 남자하고 여자하고 다를 수 있을까. 남자는 나이가 들수록 일터에서 자리가 높아지거나, 젊은 사람이 들어올 적부터 윗자리를 맡는 일이 많다. 아랫사람이나 일과 얽힌 사람들 앞에는 나이가 너무 젊어 보이면 남들이 만만하게 보지 않게끔 흰머리를 그대로 둔다. 또 어떤 사람들은 나이가 어려 보인다는 말로 짜증을 받아서 빨리 흰머리가 되기를 바라거나 그대로 두는 분도 있다. 흰머리가 제법 있는 모습을 남자들 스스로 꺼리지 않는다.

나는 아직 손주도 있지 않다. 그런데 흰머리가 나오면 내가 스스로 너무 늙었다고 생각한다. 이 생각은 나한테서 나왔는지 둘레에서 말을 하니깐 내가 따라가는지 아리송하다. 스스로 이젠 늙었다는 생각을 받아들인다. 그러면서도 다른 사람이 "너도 많이 늙었네." 하고 말하지 않기를 바라면서 물을 들여 젊은 척했다. 어느새 이러한 말을 따라간다면 글을 쓰는 나도 둘레에서 "이렇게 써야 좋다."고 하는 틀을 그대로 따라가는 꼴이라 할 만하다.

물들임은 뭘까. 물이란, 마시는 맑은 물도 있고, 빛깔을 입히는 물도 있다. 나는 어떤 물을 들이는가. 이 물이 나를 가꾸는 물인지 나를 살리는 물인지. 나를 겉으로만 꾸미는 물인지. 마음에서 우러나오는 멧골 샘물처럼 시원하고 싱그럽게 솟아서 들판을 적시는 반짝이는 물인지 생각해 본다. 머리카락을 물들이려 하다가 문득 내 글쓰기를 생각한다. 내 삶을 글로 옮기기로 하지 않았다면, 그냥그냥 흰머리를 물들였을 텐데, 글쓰기를 하자고 마음먹고 나서는, 예전에 그냥그냥 늘 하던 일을 다시 생각해 본다. 나는 어릴 적에 멧골에서 태어나 뛰놀면서 마시던 그 맑은 샘물을 잊어버리고, 이젠 대구라고 하는 도시 한복판에서 수돗물에 익숙한 사람으로 바뀐 셈일까. 샘물이 아닌 수돗물 같은 마음으로 머리를 젊게 보이려고 하는 까만 물을 들이는 삶은 아닌가.

까마귀는 온통 새까맣고 까치는 흰빛도 있다. 흰 깃이 있고 까만 깃이 있는 까치를 보면서 "저 까치 참 늙어 보인다."라고는 아무도 말하지 않는다. 어떻게 보면 듬성듬성 있는 흰 깃인 까치이다. 까치를 까맣게 물들여야 할까. 머리카락을 물들이는 일은 내가 듬성듬성 흰머리가 있다면 "난 까치머리야, 나 까치 좋아해. 까치처럼 흰머리 까만머리도 있는 나야." 하고 씩씩하게 말해 볼까. "그래도 보기 안 좋네요." 하고 누가 말하면 "까치는 흰 깃하고 까만 깃이 있어 얼룩달룩한데, 까치더러 보기 안 좋으셔요?" 하고 되물어 보자고 생각한다.

그런데 이렇게까지 생각해 보면서도 또 물을 들이고 말았다. 망설이고 엇갈리는 마음을 "오늘을 마지막으로 물들이기는 더 안 할게." 하는 혼잣말로 다독였다. 며칠 뒤 떠날 제주마실까지만 까만머리로 가고, 이다음부터는 흰머리가 듬성듬성한 아줌마 모습으로 다니자고 생각한다. 그래서 아침에 까치를 보고서 어쩐지 부끄러웠다. 꾸미지 않고 제빛 그대로 살아가는 까치처럼 씩씩하지 못하다고 느꼈다. 그래도 망설이는 나를 사랑해야지. 엇갈리는 나를 보아주어야지. 천천히 가자. 오늘은 나를 돌아보았으니, 달포쯤 뒤에 까만물이 빠질 즈음에는 조금은 씩씩한 나를 만나고 싶다.

꾀꼴

 소나무 그늘에 앉으니 바람이 차다. 햇살이 드리운 두류공원에서 조금 걸으니 흙길이 나오는 야트막한 멧자락으로 올라간다. 놀이터가 제법 넓고, 울타리가 있다. 사람은 숲으로 들어가지 못하고 짐승은 내려오지 못하게 막은 듯하다.

 울타리 너머를 보는데, 처음이다 싶은 새소리가 들려온다. 울타리 가까이 다가간다. 새소리가 들리는 쪽 나무를 올려다본다. 바닥이 비스듬하고 나무가 무척 높아 뒤로 넘어질 듯했다. 두 손을 목뒤로 깍지를 끼우고 새를 찾아보지만, 소리만 들린다. 시원하고 맑다. 숲을 자주 다니지만 처음 듣는다.

 저 새가 무슨 이름이지? 듣고 또 듣고 가만히 듣고 보니깐 꾀꼴거린다. 꾀꼴 꾀꾀꼴 꾀꼴 힘찬 노랫소리처럼 우렁차다. 꾀꼴거리며 우니, 설마 꾀꼬리인가. 코앞에 있는 듯해도 새가 어떤 모습인지 안 보이지만, 새소리를 가만히 듣다 보니깐 새한테 옛날 사람들이 붙인 이름이 저 소리 그대로, 참으로 듣기에 구성지다 여겨서, 노랫소리를 그대로 새한테 이름을 붙였을까. 개굴개굴 노래한다고 여겨서 '개구리'라 하니, 꾀꼬리는 꾀꼴꾀꼴 노래한다고 여겨서 붙인 이름이 맞을 듯싶다.

옛날 사람들은 새소리를 늘 듣는다. 꾀꼬리가 여름 철새이니깐 꾀꼬리가 왔으니 철이 바뀌는 셈이네. 오월이 되니까 꾀꼬리가 부르는 노래는 어떤 뜻이 숨었을까. 이 꾀꼬리가 우리 나리에 돌아오는 철에는 무슨 들일을 했을까. 시골 어른한테 물어보았다.

"엄마, 잘 지내요? 뭐 좀 물어보게. 꾀꼬리가 언제 와요? 꾀꼬리가 노래 부를 적에 무슨 일을 했던가요?"

엄마는 꾀꼬리를 모른다. 우리 마을에는 꾀꼬리가 오지 않았나. 아니, 엄마를 비롯해 옛날 시골 어른들은 집일에 들일이 몹시 바쁘니 꾀꼬리가 찾아와서 노래를 해도 미처 느끼거나 생각할 겨를이 없었을 수 있다. 그래서 이맘때에 시골에서 하는 들일이 뭔지 물어보았다. 밭갈이를 챙기고 고추를 심으려 하고, 깨 심고, 고구마에 땅콩을 심고 마늘밭을 매고, 수박 참외 모를 밭둑에 심고 못자리를 살핀단다. 산에서 부들부들한 풀을 베어 잘게 썰어서 논에 거름으로 넣고 논을 삶고 모내기를 앞둔단다.

꾀꼬리는 노래를 부르고 시골지기는 흙을 일구고. 어서어서 땅을, 숨을 쉬게 하고 곡식을 심으라고 부르는 노래가 꾀꼬리 노래였구나 싶다. 하도 시원하고 우렁차서 사람들이 철이 바뀐 줄 쉽게 알아보겠구나 싶다. 시골지기한테는 "자, 이제부터 바지런히 일을 해보라구" 하고 울리는 소리인 셈이구나. 이곳저곳 흩어져 노래를 부르며 여름을 알리는 꾀꼬리로구나.

고운 깃빛인 몸을 푸른 나뭇잎 사이에 숨기고 여름을 노래하는 꾀꼬리 소리가 두류공원에서 흘러나오는 소리에 묻힌다. 사람들은 피아노를 치는 소리가 더 듣기에 좋다고 생각할는지 모른다. 이렇게 멧숲에서 우렁차고 시원하게 노래해 주는 꾀꼬리가 있고, 박새에 참새에 까치에 까마귀도 있고, 종달새까지 있는데, 숲에 깃든 새가 들려주는 노래를 가만히 듣도록 피아노 소리는 멈추어 준다면 낫지 않을까.

공원에서 노래하는 꾀꼬리는 어떤 생각을 할까. 철마다 찾아오는 다 다른 새가 들려주는 노래를 가만히 누릴 수 있으면 이 공원이 한결 아름답지 않을까. 아까시나무도 이팝나무도 꾀꼬리 노래를 듣고 온숲이 들썩이도록 꽃내음을 뿜고 벌을 모으고 봄꽃도 더 활짝 피울 만한지 모른다.

가지치기

 올해는 아까시꽃을 따먹어 보고 싶었다. 마침 두류공원을 걷다가 아까시꽃을 본다. 이팝나무도 꽃을 활짝 피웠다. 이팝나무에 핀 꽃이 더 뽀얗고 아까시나무는 꽃망울을 이제 터트린다. 그렇지만 아까시나무가 무척 커서 가지에 손이 닿기에는 내 키로는 매우 높아 보인다. 한 송이를 살짝 따서 맛을 보고 싶었는데 이 도시에서는 나무마다 가지치기를 너무 많이 하느라 손이 안 닿는다.

 왜 가지치기를 할까. 나뭇잎을 다 떨군 추운 겨울을 지나 새봄을 맞이하여 새싹이 돋아나기에 앞서 자꾸 가지치기한다. 전깃줄이 훤히 드러난다고 하지만 추운 날에 가지를 숭덩숭덩 자르면 나무가 안 아플까. 이때만이 나무가 아픔을 느끼지 못하려나. 멋있게 보이려고 길가 나무를 다듬는다고도 한다. 사람이 걸어 다니다가 머리를 부딪히지 않을 만한 높이로 잘라 낸다고도 한다. 이런 탓에 가지가 저렇게 높이 자라니까 나뭇잎도 꽃도 가까이에서 보기 힘들다.

가지치기도 사람들 눈에 예쁘게 보인다고 한다는데, 참으로 보기 좋은 모습인지 모르겠다. 나무가 알아서 가지를 내고 잎을 내어 자랄 텐데 하나같이 똑같은 모습으로 싹둑싹둑 잘랐다. 같은 나무도 저마다 생김새가 다르고 제 삶길을 고스란히 담아내는데, 뭉텅이로 잘린 모습을 보면 저절로 눈살을 찌푸린다. 숲을 도심에 옮겨 놓는 뜻으로 나무를 심을 텐데, 나무한테 팔을 자르고 자유를 앗아 가는 셈은 아닐까.

가지를 자를 적에 나무한테 물어나 보았을까. 나무가 가지를 쳐주면 좋다했을까. 남자 중학생 머리를 박박 밀듯 나무를 자른다. 나무도 꿈이 있을 텐데. 제 숨결 그대로 꿈을 펼치며 마음껏 자라고 싶은 나무가 있을 텐데.

씀바귀

멀리서 찾아온 글동무하고 두류공원에 갔다. 대구에 살지만 막상 혼자 느긋이 쉬려고 두류공원에 간 적이 없다. 글동무하고 찻집에라도 갈까 했으나, 봄날씨가 좋으니 공원이 낫지 않겠느냐 해서 가 보았는데, 하늘을 보며 나무 곁에 앉거나 걸으니 오히려 좋았다.

두류공원을 걷다 보니 곳곳에 씀바귀가 노랗게 꽃을 피웠다. 아무도 안 쳐다볼 만한 자리에 피었다. 공원에 오는 사람 가운데 누가 씀바귀를 쳐다볼까. 오월에 흰꽃이 눈부신 이팝나무하고 아까시나무를 바라보겠지? 느티나무 곁에 참 작은 틈새에 피어난 씀바귀는 어떤 생각으로 홀로 꽃을 피울까. 무얼 믿고 혼자 삶을 지을까.

보이지 않는 사랑을 믿으려나. 햇볕이 날마다 깃들고 바람이 말동무가 되어 주고 느티나무 뿌리한테서 얘기도 듣고 나뭇잎한테서도 줄기한테서 수다를 들으며 혼자서도 심심한 줄도 잊고 지낼지도 몰라.

가까이에 글동무가 없는 나도 저 씀바귀처럼 느낄 때가 있다. 혼자라서 자꾸만 여기저기 기웃거렸는지 모른다. 씀바귀는 늘 홀로 꽃을 피웠다. 돌틈이든 구석진 곳이든 자리를 마다하지 않고 활짝 피운다. 이 곁에는 알록달록하거나 새빨간 빛깔로 똑같이 심어 놓은 울타리꽃이 있는데, 둥글게 잎이 잘려 나간 울타리꽃에 대면 얼마나 홀가분한가.

남들 다 가는 길이 아닌 홀로 가는 씀바귀는 누가 저를 쳐다보지 않더라도 아랑곳없다. 어디든 뿌리내릴 마음이 있고 모질게 밟고 지나가는 사람들 발길도 이겨내는 씀바귀가 아닌가. 아파트 안방에서 얌전히 자란 꽃이 아닌 스스로 일어선 길이다. 남들 눈길을 안 쳐다보고, 그저 제 삶길을 바라보며 살아가는지 모른다. 쓰라린 삶이 쟁여놓은 쓴맛을 품은 씀바귀가 살아가는 오늘, 그냥 찻집에 갔다면 하나도 못 느끼고 못 봤겠구나.

최정산 얼음꽃

 가창댐을 지나 운흥사에서 최정산을 오른다. 들머리부터 돌길이다. 흙이 물길에 쓸렸는지 골짜기를 거슬러 올라가는구나 싶도록 바위도 돌도 많다. 그래도 가파르지 않다.
 소나무 우거진 길을 지나니 참나무가 앙상하다. 칡이 휘감은 나무가 많다. 올괴불나무에 꽃이 피었다. 배롱꽃처럼 발갛다. 찔레나무에 새싹이 파릇하고 이 나무도 저 나무도 움이 살짝살짝 나온다. 생강나무도 속을 보인다. 파릇파릇 돋는 잎망울을 보느라 멧길을 넋을 빼며 걷는다.
 멧턱을 꽤 오르자 꼭대기 나무가 하얗다. 눈도 오지 않았는데 왜 하얗지? 가까이 다가가 보니 얼음꽃이 피었네. 손도 코도 꽤 시린데, 나무에 맺은 얼음꽃 때문에 나무가 춥지는 않을까.
 바위마다 이끼가 파릇파릇 살아난다. 이른아침 안개하고

이슬이 찬 바람이 부는 대로 켜켜이 쌓인 듯하다. 가만 보니 하늘까지 모두 하얀 듯하다. 조금 쉬면서 숨을 고르는데, 입김도 새하얗다.

이끼가 파릇파릇한 바위에 걸터앉아서 다리를 쉬다가 얼음꽃 나무를 더 가까이 보려고 일어선다. 나뭇가지에 줄줄이 맺힌 얼음꽃은 안개가 얼어붙은 모습 같다. 어떻게 이렇게 얼어붙으면서도 꽃이 될 수 있을까. 차가운 바람이 얼음꽃을 피울까. 추운 하늘이 얼음꽃을 맺을까. 이제 겨울이 저물 때가 다가왔다고 마지막으로 알려주는 얼음꽃일까.

나란히 자라는 잣나무하고 소나무를 문득 본다. 소나무는 곧게 자라는 잣나무를 따라 높이 자라 보려고 안간힘을 썼는지, 웃자라다 밑둥이 비스듬히 쓰러지고 목이 확 꺾였다. 서로 사이좋게 어울리면 좋겠다고 생각하다가, 겨울 끝자락 얼음꽃하고 봄 첫머리 꽃망울도 사이좋게 어울리는 셈일까 하고 생각한다.

이제 엉덩이를 툭툭 털고 다시 걸어서 멧길을 오른다. 이윽고 해가 높이 뜬다. 앞에서까지 보던 얼음꽃이 하나둘 사라진다. 얼음꽃이 언제 피었냐는 듯이 앙상한 가지인 나무에, 겨울에도 푸른 나무를 만난다. 얼음꽃은 가셨으나 안개는 아직 멧골을 휘휘 덮는다. 마치 숲이 안개를 부려서 꿈나라를 보여주는 듯한 모습에 넋을 잃고서 자꾸자꾸 걷는다.

 눈이 오지 않은 최정산에서 얼음꽃, 서리꽃, 상고대를 만날 줄이야. 이른 봄은 숲에 반짝반짝 빛살을 뿌리는 듯하다. 해님만 부르지 않는다. 아직 떠나기 싫은 찬바람을 따뜻바람하게 함께 부르고, 눈뿐 아니라 구름을 나란히 불러서 이 숲에 깃든 숨결을 깨운다.

 대구 시내 아파트에 살면서도, 시내 한복판에 있는 일터를 자가용으로 오가면서도, 틈틈이 최정산에 올라 숲을 만나려 한다. 숲을 만나려고 걸으면 딴생각을 어느새 떨친다. 이 얼음꽃을 보라고, 이 상고대를 만나라고, 이 안개춤을 보라고, 숲은 오로지 숲에서는 숲만 생각하라고 속삭인다. 복닥거리는 시내가 아닌 멧골에서는 부디 느긋하라고 속살거린다. 숨을 돌리고 싶을 적에 혼자서 멧길을 오른다. 숨을 고르고 싶을 적에 곁님하고 이 멧바람을 쐬고 멧빛을 느끼려고 천천히 걷는다. 숲을 만나서 숨을 들이켜면 내가 바로 숲이 된 듯하다.

어떤 하루

전화를 한 통 받았다. 일어선다. 물 다섯 통을 갖다주어야 한다. 수레에 물통을 실었다. 밀려 하는데 앞으로 가지 않는다. 길이 울퉁불퉁하다. 수레에 배를 붙여 더 힘껏 미니 비로소 움직인다. 지하 주차장 오르막길이 버겁다.

차가 다니지 못하게 막아 둔 길을 비껴가려고 손잡이를 튼다. 문득 지나가던 아주머니가 거들어 준다. 고맙다. 이제 엘리베이터 앞까지 왔다. 그런데 엘리베이터를 탈 때 아주머니 가방이 끼려 한다. 나는 얼른 단추를 눌렀고, 가방은 끼지 않았다. 그런데 이제까지 수레를 밀어준 아주머니가 갑자기 낯빛을 바꾼다. "어머나, 길 가르쳐 주다가 비싼 가방끈 떨어지는 줄 알았네!" 못 들은 척했다. 그러나 엘리베이터가 열리고 아주머니가 나갈 적에 "고맙습니다!" 하고 외쳤다.

나한테도 비싼(?) 가방이 있지만, 내 일터는 동네 마트이다. 나는 비싼(?) 가방을 옆구리에 끼고 다닐 때보다 오늘처럼 수레를 끌고서 주문에 맞추어 짐을 나를 적이 흔하다. 나도 똑같이 '아주머니'이지만, 이 아주머니는 나를 어떻게 보았을까? 수레를 미는 모습을 보고서 딱하다고 여겨 도와준다는 생각이었을까.

물통을 묵직하게 담은 수레를 밀고 날라서 배달을 마쳤다. 이제 빈 수레를 돌돌 밀면서 밖으로 나온다. 아파트 꽃밭에서 자라는 화살나무 곁을 지나간다. 처음부터 이 화살나무를 알아보지는 않았다. 지난겨울에 처음 알아보았다. 오며 가며 궁금했는데 그때 마침 아파트 경비 아저씨를 보았기에 "이 나무는 뭔가요?" 하고 물었고, "거, 화살나무입니다." 해서 "네, 화살나무요." 하고 알았다.

처음 본 화살나무가 어쩐지 궁금했다. 봄에는 어떤 모습일까. 화살나무는 싹을 어떻게 틔우고, 꽃은 어떤 모습이나 빛일까? 또 꽃냄새는 어떨까?

대나무 마디처럼 생긴 이음새에 새싹이 돋았다. 잎이 돋았구나. 얼핏 말라죽은 듯 보이는 빛깔이지만, 그저 화살나무 줄기빛이로구나. 지난겨울에 참 맵찬 추위였는데 너도 이 추위를 씩씩하게 견디었구나. 봄은 너한테 이미 찾아왔구나.

아버지

탑리에서 소주 한 병을 샀다. 아버지와 어머니 가운데 누구를 먼저 뵈어야 하는지 둘은 생각이 다르다. 곁님은 "산 사람을 먼저 만나자" 하고 나는 "아버지 먼저 보자" 했다. 시삼촌이 집에 오면 "할머니 무덤에 먼저 들르는 일이 못마땅하더라" 하는데, 나는 이 마음을 알 듯하다. 내가 아버지를 먼저 보고 오자고 한 까닭은 집에 들어가면 까딱하다가는 가지 못한다. 바람이 산뜻할 적에 가볍게 다녀오면 하루를 아껴 쓴다.

목골 경이네 곁에 차를 멈추고 멧자락으로 오른다. 아침 참새가 밭에 심어 놓은 씨앗을 빼먹는다. 족제비싸리나무, 찔레덩굴, 아까시나무에서 짹짹 포르르 날아다닌다. 닭우리에 닭도 '꼬끼오 꼬꼬' 노래를 부른다. 길바닥에는 돌나물이 빽빽하게 자라고 노란 애기똥풀이 바람에 한들거린다. 나지막한 오르막길을 가는데 풀어진 다리가 당긴다. 잘 다듬은 길이 끊어지고 흙자갈길이다. 길 가운데는 족제비싸리꽃이 무릎 높이로 자라고 쑥이 허리춤에 온다. 싸리꽃이 막 피어오르는 숲길인데 이제 이 길로 다니지 않으면 풀꽃나무가 길을 차지할 듯하다.

천천히 걷는데 낯설다. 저 끝에서 꺾는다. 곁님은 새로 난 길로 가고 나는 아버지가 올라간 길로 갔다. 이 길은 이미 풀이 길을 뒤덮는다. 이다음에 오면 길이 사라질 듯하다. 등성이에 올라오니 길을 판판하게 닦아 놓았다. 흙이 없는 비탈을 깎은 이 자리에 누가 또 누울 자리 같다. 새로 닦은 길에서 못 쪽에 할아버지 무덤이 있고 왼쪽 마을을 보며 아버지 무덤이 있다.

곁님이 처음으로 할아버지한테 절을 한다. 소주를 한 잔 따르고 과자를 하나 뜯어 놓고 절을 두 판 하고 바로 옆에 할머니한테도 한다. 언덕을 올라와 아버지 무덤으로 내려갔다. 지난해는 달맞이꽃이 노랗게 피었는데, 무덤을 덮는다고 약을 뿌리고 뽑아서 그런지 달맞이꽃이 사라졌다. 그런데 없던 나무가 한 그루 심어져 있다. 무덤가에 어울리지 않는 복숭아나무를 심었다.

아버지한테도 소주 한 잔을 붓고 경주서 사 온 황남빵을 놓고 사과 하나를 놓고 절을 두 판 한다. 무덤 잔디는 한쪽은 깎았는데 다른쪽은 잔디보다 큰 풀이 자란다. 나는 풀을 뽑았다. 잔디에 큰 풀도 뽑았다. 쑥이 자라면 잔디가 마른다. 쑥도 뽑았다. 쑥은 뿌리가 잔디처럼 깊이 뻗어서 잔디가 마르겠구나 싶다.

집으로 와서 어머니한테 여쭈니 복숭아나무를 심었단다. 열매가 좋아서 심었다지만 복숭아는 옛말에 집에도 심지 않고 제사상에도 올리지 않는다. 올리면 넋이 못 온다는 말이 있다. 어머니한테 복숭아나무를 베어 버리던지 뽑아내자고 살짝 말했다.

이 복숭아나무 때문일까. 며칠 앞에서부터 내 전화기를 만지다 보면 아버지 전화번호가 뜬다. 일본에서 찍은 아버지 얼굴을 담아 놓았는데 종이로 뽑아 놓은 사진이 바랜 듯이 얼굴이 닳았다. 손전화에 담긴 사진도 이렇게 빛이 바랠까. 아닌 듯한데. 엄마한테도 보여주고 곁님한테도 보여주었다. 엄마는 아버지 번호를 없애지 않고 묶어 놓았단다. 나도 아버지 번호를 지우면 끝내 아버지를 잊을 듯하다고 여기는데, 이 무슨 뜻일까 고개를 갸웃했다.

아버지 돌아가시고 세 해 동안은 날마다 아버지가 떠오르다가 지난해부터는 아버지가 안 온다고 생각했다. 아버지가 살았을 적에는 글을 몰랐다. 이름만 겨우 읽고 쓰던 아버지가 사무치기라도 한 듯 나한테 노래(시)와 글(수필)을 쓰게 돕는다고 생각했다. 복숭아나무도 그렇고 전화기에 담아 놓은 아버지 얼굴도 그렇고 아버지 자국을 이제는 지울 때일까. 전화기에 남겨놓은 웃는 아버지 얼굴도 다 지워야 할까. 이제는 마음으로 아버지 숨결을 그리라는 뜻일까.

마을 한바퀴

멧숲에서 내려와 곁님은 엄마집으로 먼저 가고 나는 천천히 마을을 걷는다. 목골에서 개울을 따라 걷는다. 나지막하던 시내가 길을 닦으면서 높고 좁다. 이 시냇물에서 고기를 잡고 징검돌을 건너고 비가 많이 내리는 날에는 물구경을 했다. 성조네 집을 지난다. 우리가 모여 놀던 아랫방이 사라지고 상추밭이 되었다. 낯선 사람이 자전거를 세운다. 깔끔하고 흙이 곱던 마당에 풀이 자라 빈집 같다. 대문은 없고 그물을 쳐놨다.

내가 태어났던 교회 앞터를 올려다보고 모퉁이를 돌아 순이네 집 앞을 지난다. 대문은 활짝 열렸는데, 무슨 짐이 잔뜩 쌓이고 개 두 마리가 사납게 짖는다. 마당 가운데에 나무가 커다랗다. 마당을 가득 메워가는 나무에 발 디딜 틈 없어 보이는 짐으로 어떻게 드나들까. 개밥은 누가 줄까. 담쟁이가 담을 타고 빈 옆집까지 덮는다.

    대문을 걸어둔 흙담이 무너진 틈으로 빈집을 살짝 들여다보았다. 이제는 집인지 숲인지 모르도록 풀이 우거졌다. 나는 이 골목을 지나다니면서 물을 길었다. 예전에 날마다 드나들던 우물이 어떻게 있는지 궁금했다. 종종걸음으로 우물을 찾아서 갔는데, 어느새 우물은 사라지고 마을가게가 들어섰다. 이 곁에 새로 지은 옆집 마당도 풀이 자랐다. 담이 무너지고 어린 날 보러 오갔던 토끼집 자리에 담만 조금 남았다.

    대문이 없는 집을 지나는데 할머니가 아궁이를 덮는다. 들어가 꾸벅 절을 했다. 아버지 이름을 대고 오빠 이름을 부르니 나를 알아본다. 커피 마시고 가라고 붙잡으신다. 마루에 앉아서 마당을 둘러본다. 뜨락이 옛모습 그대로이다. 창살문도 그대로이고 빗장이 있는 부엌도 그대로이다. 뒤뜰로 돌아가니 뒷간도 흙담도 그대로 있다. 이 마을에서 집을 고치거나 바꾸지 않은 딱 한 곳이다. 그러나 할머니 손길이 깔끔하게 닿았다. 뒷문으로 나가면 마당과 이어지는 밭이 어린 날에도 보기에 좋았다. 앞뜰 논에는 작약꽃이 여러 빛깔로 피었다. 차를 마시고 마지막 언덕집을 오른다.

    언덕집 마당을 보니 발디딜 틈이 없이 풀을 말린다. 마을이 한눈에 보이는 이 집에 친척이 사는 줄 알았는데 낯선 사람이 나온다. 여느 사람과 달라 보인다. 언덕 담이 사라지고 모과나무가 싹둑 잘렸다. 나무를 왜 잘랐는지 말을 걸어 보지만 알아듣지 못한다. 어린 날 우리 집 담을 넘어 오르던 길을 따라 다시 천천히 발을 딛고서 내려왔다. 이제는 우리 옛집 뒤꼍이다.

뒤꼍에서 윗집을 올려보니 내 키 두 곱이 넘는 담이자 둑을 돌로 높다랗게 쌓아 놓았네. 그런데 그 높다란 돌이 쌓인 틈에서 모과나무가 자라는구나. 아무래도 마당과 돌둑이 모과나무를 견디지 못하는구나 싶어서 잘라냈으려나. 뒤꼍에서 올려다 본 바로 뒷집 헛간도 돌을 차곡차곡 쌓아 올린 자리에 지었다. 어떻게 이 많은 나날을 견뎠을까. 돌로 쌓은 담이 이렇게 튼튼하구나. 우리 집 마당에 들어선다. 앞집과 금을 그은 우리 집 흙담이 살갑다. 담에 얹어 놓은 기왓장이 바래었고 뒤틀렸다.

나중에 엄마한테 이 담은 우리 건지 앞집 건지 물었다. 반쯤은 우리가 쌓고 반은 앞집이 쌓은 담이란다. 대문 모퉁이에 수레가 들어오지 못해 앞집 땅을 조금 얻어서 그 열 곱으로 뒤쪽 우리 터를 앞집에 거저 주었다. 담 너머로 보니 집터 담이 그대로 있다. 서류로는 우리가 주고받은 기록이 남지 않았다. 앞집 아들이 저희네 마당을 파지 않고 우리 골목으로 난 물길로 같이 내자고 떼를 썼단다. 저희 땅을 거저 쓴다며 몰아붙였단다. 앞집 할아버지가 돌아가시고 할머니까지 돌아가시면 누가 살필까. 아들이 저희 땅이라고 우기면 그쪽 땅이 된다.

곁님네 엄마집이 그렇다. 백년 넘도록 다닌 골목인데 옆집에서 저희 땅이라고 빨간 깃대를 세워놨다. 언덕밭도 돌둑을 높이 쌓아 길을 막자 서류에는 길이 없어 나중에는 집이나 땅에 들어가지 못할 판이 되어 비싼 세금을 내고 땅을 팔았다. 길이 없어 빈집으로 된 옆집을 사들이고 뒷산을 사야 우리 집과 뒷밭으로 다닐 길이 난다. 뒷집 골목 지나 뒷밭에 다녔는데, 고창댁도 저희네 땅이라고 막았다.

엄마집도 우리와 다르지 않다. 한 또래가 사라지면 떨어져 지낸 다음 또래는 예전 일을 낱낱이 알지 못한다. 뒷집에 처음으로 낯선 사람이 들어오고 같은 씨내림 집안만 살던 마을이 바뀐다. 옛모습 그대로 간직하던 할머니 집과 우리 뒷집 담과 돌둑만 옛모습을 잇고, 빈집은 풀이 차지한다.

사람이 있고 없고 손길이 닿고 안 닿고 살내음에 집이 잇고 망가지는가. 사람이 사는 땅에 빈집으로 두니 이내 풀꽃이 차지하는 모습을 보니 하나둘 마을을 떠나면 마을조차 사라질 듯하다. 나는 우리 집 대문을 따라 두 빈집과 옆집인 우리 한아비가 쓰던 빈집을 다 사들여서 뜰이나 밭으로 가꾸고 살면 좋겠다 싶다. 먹고살 만큼 된다면 참 살기 좋은 곳인데 떠나는 사람에 떠나갈 사람만 남았다.

어머니

 마을을 한 바퀴 돌고 집에 들어왔다. 먼저 온 곁님이 어머니한테 "어버이날 다 댕겨 갔니껴?" 묻는다. 나는 부엌으로 들어가 밥솥을 열면서 "막내네 쌍둥이 많이 컸겠네" 물었다. 어머니가 벽을 한참 보더니 코를 훌쩍인다. 눈이 빨갛다.

 막내네는 쌍둥이를 낳았다. 마흔 넘어서 짝을 만나 인공수정으로 아들 둘을 얻었다. 어머니는 어린이날에 두 손주 몫으로 십만 원을 보낸 일이 있다. 그리고 이틀 뒤 통장을 정리하고서야 막내가 돈을 부친 일을 알았단다. 돈을 보내놓고는 어머니한테 전화 한 통 없더란다. 막내댁이야 그렇다 하더라도 아들인 막내도 똑같이 그런다고 섭섭하더란다. 어머니가 보낸 돈을 어버이날 도로 보낸 듯해서 언짢았단다.

 어머니는 나이가 들수록 잘 우네. 어머니는 어버이날 돈을 받고 싶어서 보내지 않았다. 어버이날 "엄마 잘 있나?" 전화 한 통 받고 싶은 마음뿐이란다. 다섯 가운데 가장 마음 쏟았던 막내는 장가 가더니 어쩐지 어깨를 펴지 못하는지, 아이들 돌보느라 뒷전인지는 몰라도 목소리를 듣기도 힘들어 서운한가 보다. 그리고 어머니와 며느리 사이에 섭섭한 일이 뭔가 있다고 느낀다.

어머니는 아버지가 가시고 난 뒤로 너그러운 마음이 사라지고 잘 삐진다. 이래도 서운하고 저래도 섭섭한지 쉽게 운다. 예전 같으면 "다 나를 탓해라, 내가 다 받아줄게" 했다. 꿋꿋해 보여도 속으로는 잘 해주기를 바랐는지 모른다. 집에 갈 적마다 "미희네 딸네들이 불난 집 다 치우고, 딸네들이 돈 내서 집을 짓는다" "딸네들이 그렇게 잘 한다"는 말을 열 판도 더 들었다. 들을 적마다 마음이 거북했다. 오히려 시어머니는 도리어 우리한테 다 주려고 하는데, 우리 어머니는 아이들한테서 받고 싶어 했다.

나도 서른이 넘는 딸도 있는데 어머니 마음을 왜 모를까. 모자라도 바라지 않고 안으로 품고 내가 돈을 더 쓰면 저절로 우리한테 모이더라. 클 적에 들어간 땀과 들인 돈으로 따진다면 견줄 수 없다. 이제야 겨우 어버이날이라고 아이들한테서 조금 받는다. 벌어서 앞가림하기도 어려운 서울살이인 아이들이기에 뭘 바라지도 않는데.

  어머니는 따뜻한 말 한마디가 고팠겠지. 예전에 멀리 있는 자식들이 "차비 쓴다고 오지 말라"고 하더니 이 말이 씨가 되었을까. 다들 삶이 바쁘다 보니, 바쁘다는 말 한마디에 더 바라지 않는 듯하다. 앞집은 나란히 빈집이고 풀이 껑충 자라 엉망이라고 말하니 마당에 있던 어머니가 또 물끄러미 바라본다. "내가 없으면 이 집 풀은 누가 뽑을까 가만히 생각하니 걱정이다" 하면서 또 눈이 빨개진다. 여든이 넘으니 어머니도 떠날 생각이 문득 드나 보다.

눈썹

 부엌에 앉은 어머니 얼굴이 곱다, 엷은 꽃무늬 웃옷을 입어서인가. 얼굴빛이 밝고 뽀얗다. "류 서방 온다고 눈썹 그렸네" 했다. 어머니는 "화장 안 하고 눈썹 문신을 했다"고 말한다. 얼굴을 가까이서 보니 눈썹이 얇고 참 잘 그렸다 싶은데 문신이구나.

 어머니가 봄에 서울에 다녀오는 사이 마을 사람 여럿이 문신을 했다. 마을에 미용사가 들어왔는데 문신도 한다. 먼저 문신을 한 사람들 눈썹을 마무리 손질하러, 미용사가 다시 마을에 왔을 적에 여럿이 어머니를 부추겼다. 눈썹을 하고 나니 나들이 갈 적에 안 그려도 되고 아주 수월하단다.

 어머니는 아버지와 다르게 눈썹이 짙다. 눈썹을 그리지 않아도 볼 만했다. 벌눈썹인데, 눈썹을 새겨넣으니 아쉽지만, 그래도 늙은 어머니가 좋아하시니 좋아 보인다. 여든이 넘는데도 읍내에 나가면 눈썹이 예쁘다는 소리를 듣고 기분이 좋더란다. 여자는 나이가 들어도 얼굴이 쪼글쪼글해도 이쁘고 싶은 마음이 있다.

시골에는 젊은 사람들이 거의 빠져나가고 나이 드신 분이 많다. 남자 어른은 거의 없고 여자 어른이 많다. 마을회관에 자주 모이는데 나이 들수록 깨끗하게 다니고 몸에서 냄새가 나지 않아야 아이들 얼굴을 깎지 않는단다. 머리도 자주 손질해야 아이들이 드나들면서 회관에 인사하면 안 부끄럽다고 한다. 옷도 밝고 깔끔하게 입어야 쭈글쭈글한 얼굴이 덜 흉하다고 한다. 옷까지 우중충하게 입으면 얕잡아본다고 한다.

아버지는 눈썹이 옅은데 나이 드니 거의 없었다. 내 눈썹이 아버지를 닮았다. 민낯으로 다녀도 눈썹을 그렸다. 옅어서 연필로 그리면서 눈썹 잘 그린다는 소리를 들었다. 그런데 달거리가 멈춘 뒤로 몸이 바뀌었다. 자가면역결핍이라던가, 백반증이 동전 크기로 목뒤에 하나 생겼다. 온몸으로 번진다는 말을 듣고 피부과에 갔다. 다행히 다른 곳은 더 나지 않고 거울을 보면 눈썹 살결이 하얗게 드러나 목과 같이 레이저 치료를 받았다. 이레마다 병원에 갔고, 갈 적마다 병원비가 사만 원 나왔다. 두 해가 지나도 목뒤 쪽은 반만 피부가 살아났다. 눈썹 한

자리에 두 해 넘도록 치료했더니 눈썹이 자꾸 사라졌다. 나도 어머니처럼 눈썹을 새겨넣으라고 자꾸 말하는 사람이 있어서, 큰마음 먹고 문신을 했다.

처음에는 짙어서 어색했다. 얕게 해서 그나마 티가 덜 났다. 두 해가 다 되어가니 눈썹이 붉어진다. 피부과에 가서 물었더니, 나중에 문신 제거 수술을 하고 다시 해야 한다는 말을 듣고 무서워 바로 예약하고, 닷새가 지난 오늘 눈썹을 했다. 카키색을 섞어서 했다나, 붉은빛이 덮였다. 어색하지 않고 더 부드럽고 예쁘다.

눈썹을 그릴 적에는 어떤 날은 잘 되고 어떤 날은 짝짝이다. 더우면 눈썹 끝이 지워지고 반만 남아 늘 마음이 쓰였는데, 안 그려도 되니 아주 낫다. 나는 어머니 아버지한테서 받은 몸을 손대지 않으려고 했다. 아예 안 하겠다고 하는 일은 꼭 해야 하는 일로 바뀌는가. 눈썹이 그랬고, 얼굴 살결이 얇아 더 처지는 눈꺼풀이 어떤 날에는 속눈썹을 누르면서 눈을 찌른다.

몸이 집이라면 눈썹은 지붕이다. 지붕 없는 집이 없듯이 요즘은 솜씨가 좋아 돈을 들이면 감쪽같다. 아예 안 한다는 말을 하기가 두렵다. 이제껏 몸이라는 집에 살면서 부려 먹기만 했는데, 여태껏 일한 몸한테 해주고 싶다. 이 핑계 저 핑계를 대며 몸을 그대로 두고 싶은 마음이 흔들린다.

함박꽃

시골 마을 어귀에 들어서니 마늘논 자리에 작약꽃이 피었다. 이랑마다 까만 비닐을 씌웠다. 작약꽃 가운데 몇 송이만 빼고 한가지 빛을 띤다. 자주 꽃잎이 큰 잎을 발라당 뒤로 펼치고 노란 속을 드러낸다. 이 꽃은 속이 훤히 보여서 그다지 좋아하지 않았다. 꽃망울일 적에 꽃잎을 열고 나올지 궁금해서 꽃피기를 기다린다. 그때와 달리 이제는 이 꽃이 이쁘기만 하다. 마을에 이렇게 큰 꽃밭이 있다니 "와, 꽃이다" 거푸 놀란다.

꽃밭에 들어갔다. 한 걸음씩 다가서서 꽃내음을 맡는다. 향긋하지 않네. 넓적한 잎을 살포시 비벼 보고 다시 냄새를 맡는다. 꽃내음이 바람 따라 어디로 갔는지 어린 날 맡던 옅은 냄새가 콧구멍으로 몰려든다. 바람이 제법 분다. 둘레에도 꽃이 있나 휙 둘러본다. 어린 날 아랫마을을 지나 학교 가던 옛길에 물이 흐르는 언덕에 심어 놓은 작약꽃을 늘 눈여겨봤다. 그곳 꽃은 자주빛 꽃과 달리 속이 꽉 찬 분홍빛을 띠고 곱다. 눈치 살피고 몇 송이 꺾어 학교에 들고 간 일이 있었다. 당번이라 선생님 책상에 꽂았지 싶다.

밭에서 키우는 꽃은 꺾으면 안 되는 줄 알았다. 듬성듬성 막 피어나는 꽃은 활짝 피우지도 못하고 꺾이면 얼마나 시름에 빠질까. 겨울 동안 차가운 땅속에서 웅크리고 밖으로 나오기를 바라던 마음을 꺾어 버린 듯했다. 그 밭둑을 지나오는 날은 열다섯 살 어린아이, 바닷가로 나들이(수학여행)를 가는 날 아침에도 작약밭에 기웃하던 얼굴이 꽃처럼 흔들리며 떠오른다.

이제 어른이 되어 다시 보는 작약, 못난이꽃이라고 꺾지 않았던 자주빛 꽃밭에서 서성인다. 이랑에 들어가 바람에 한들거리는 작약꽃을 본다. 큰 꽃잎이 이렇게 방긋방긋 웃을 수가 있단 말인가. 그동안 얼마나 붉은 줄기를 올리며 꽃봉오리를 맺었을까.

작약은 꽃망울이 맺을 때 갈림길에 선다. 꽃이 피면 뿌리가 덜 자란다는 까닭일까. 작대기에 칼날을 달고 마늘종 싹둑 자르듯 꽃망울 목을 쳐버린다. 그런데 이렇게 함박꽃을 피우지 않는가. 꽃이 활짝 피어야 뿌리도 꿈틀거리고 흙을 더 깊이 넓게 뿌리를 내리는 꽃마음을 읽었을까. 이랑에 한두 잎 떨어진 꽃잎이 더 쌓일 때면 다음 해를 내다보는 꽃잎이 붉은 눈물을 떨구고 기꺼이 아침 햇살에 사라지는 이슬 같다.

이렇게 네 해를 거듭나면 작약 뿌리를 캔다. 몇 벌씩 꽃이 피고 베이는 봄을 보냈을까. 봄에는 꽃이 목숨을 따고 또 한 철이 넘어가면 말라 쓰러지기도 하고, 그래도 꼿꼿이 마른 줄기로 버티면 또 잘린다. 뿌리만 남아 봄햇살에 뿌리가 간질간질하면 붉은 새싹이 또 내민다. 어제 잃은 모가지를 잊고 다시 환하게 웃듯 피어나는 작약꽃이 씨앗을 맺는 힘을 뿌리가 크도록 기꺼이 꽃은 목숨을 내놓았다.

다섯 해를 넘기면 뿌리는 차츰 썩어 간다. 땅속에서 삶도 꽃과 다르지 않고 작약도 땅이 기름지면 뿌리가 굵고 안 좋은 땅에서는 뿌리도 닮아 안 좋고 꽃 피운 자리마다 뿌리도 다른 길을 맞는다. 네 해 동안 꽃을 피울 틈과 뽑히는 때가 와도 꽃 피우는 그때만은 온몸을 열 줄 아는 작약꽃이 이렇게 아름다운데, 왜 여태 미운 꽃으로 보았는지 어린 마음으로는 알지 못했다.

내 하루는 어떠할까. 나도 꽃인지 모른다. 풀과 꽃이 한 몸이 되어 분홍꽃 붉은꽃을 환하게 피우며 웃는 모습처럼 어느 뜰에 핀 꽃이 무엇이고 또 무엇인지 따져서 무엇할까.

몇 해를 담금질한 끝에 뼈저리게 아파도 부푼 마음이 뿌리에 스민다. 햇살을 건디고 달빛을 부르고 별빛이 소곤대는 이야기를 들으며 맑은 바람과 노래를 골라 누리는 사이에 뿌리는 한껏 쓴맛에 모든 길을 녹여낸다. 우리 삶이 쓸쓸할 때 제 마음처럼 어루만지는가. 하나같이 사람을 다스리는 빛이 되겠지. 이튿날 숨이 멎더라도 이렇게 꽃은 함박웃음 피우며 이 하루를 넉넉히 사는 길을 배운다. 온누리 모든 풀꽃이 이렇게 새삼스레 다른 뜻을 담고 확 피었다가 어디로 간단 말인가.

맺음말

하루 이야기를 푸르게 물들이고 싶어요

작은 조각을 모아 잇대면 큰 조각보가 되듯이 작은삶이 더 나은 삶으로 돌아와요. 어머니 삶을 보고 그리면서 엄마로 사는 길을 걸어요. 어머니한테는 아직도 어린이로 굴지만, 엄마로 사니 때로는 무게도 잡고 때로는 손 내밀고 품는 길을 알아가요. 작게 작게 글길을 여미다 보면 언젠가 천천히 글빛이 피어나리라 여겨요.

둘레에서는 글감을 찾으러 이곳저곳 다니라고 얘기해요. 그럴수록 저는 더욱 작고 수수한 쪽에서 빛과 씨앗을 찾고 싶어요. 봄빛 여름빛 가을빛 겨울빛, 제 발길 닿는 자리마다 빛을 누려요. 부딪치는 삶을 고스란히 드러내고 부끄러운 일이라 해도 스스럼없이 적어요.

둘레에서 어떻게 보든 작은삶이라는 큰 갈래를 세워요. 더 작게 한 가지 글감을 놓고서 차분히 돌아보는 이야기에서 스스로 배워요. 다른 곳에서 한 대목이건 무슨 이름이건 다른 작품을 따오지 않고 싶어요. 겉으로 보이는 멋을 부리는 데에는 마음을 빼앗기지 말자고 길을 내요.

제가 오늘을 살아가는 마음을 글에 담아내는 얼거리를 짰어요. 줄거리도 이야기도 마음도 읽거나 누리기 어려운 글이 아닌, 제 마음을 나타내고 싶어요. 하루를 살아가는 이야기에 마음을 기울이면서 하루 이야기를 푸르게 물들이고 싶어요.

하루하루 새삼스레 녹으면서 푸근하게 달라지는 글을 마주하려고 해요. 아침을 열고 저녁을 닫는 삶 그대로 그때마다 마음을 쓴 글입니다. 마음껏 쓰는 글이 이래저래 뒤섞일 수 있어 큰 제목으로 작은삶을 두고 차곡차곡 여미었습니다.

틈을 내어 하루를 갈무리하면서 바쁘면 바쁜 대로 느긋하면 느긋한 대로 차근차근 나아가며 언제나 오늘 하루를 바라보고서 사랑하는 마음이면 둘레에 무슨 일이 있어도 흘려보낼 힘이 자란다고 생각합니다.

삶이 나아지는지 어떤지는 섣불리 말할 수 없지만, 우리가 생각하고 마음 닿는 길에 따라서 천천히 흐르는 삶도 이 글길을 따라서 흐르는 마음도 맑아지는 줄 배워요. 섣불리 생각하는 마음을 덜어내고 글빛에 담아 봅니다. 하루 빛살을 곱게 품는 봄날과 겨울 끝자락을 보면서 새롭게 맞이하는 봄처럼 작은 삶이 부싯돌처럼 피어나는 마음을 바라봐요.

    어머니도 생각하는 삶이 있고 아이를 둔 이 엄마도 생각하는 삶을 드러내면서 작은 기쁨을 찾아요. 작은 일도 때가 있듯이 하나하나 놓치지 않는 자리에 마음을 스치고 간 자리에 글이 꽉 끼어 나오려고 할 적에 붙잡으려 했습니다. 멍울을 붙들고 가더라도, 이렇게 가다 보면 멍울이 녹아 밝게 돌아와요. 먹으면 나오듯이 내가 보고 느낀 일이 나를 거쳐 흘러나오는 글을 작게 썼습니다. 숲에 깃든 숨결도 천천히 가면서 다 보여주듯이 제 걸음으로 할 말을 하고 가듯이 고만고만 걸어갑니다.

작은 삶

초판 1쇄 발행 | 2025년 11월 28일

지은이	숲하루(김정화)
펴낸이	이정하
디자인	홍진영
펴낸곳	스토리닷
주소	서울시 서초구 방배동 593-3 301호
전화	010-8936-6618
팩스	0505-116-6618
ISBN	979-11-88613-60-1 (03810)
홈페이지	http://blog.naver.com/storydot
인스타그램	@storydot
전자우편	storydot@naver.com
출판등록	2013. 09. 12 제2013-000162

© 숲하루(김정화), 2025
이 책에 실린 내용 일부나 전부를 다른 곳에 쓰려면 반드시 저작권자와
스토리닷 모두한테서 동의를 받아야 합니다.

스토리닷은 독자 여러분과 함께합니다.
책에 대한 의견이나 출간에 관심 있으신 분은 언제라도 연락주세요. 반갑게 맞이하겠습니다.